ERIC C. FRY

DAS GROSSE BLV KNOTENBUCH

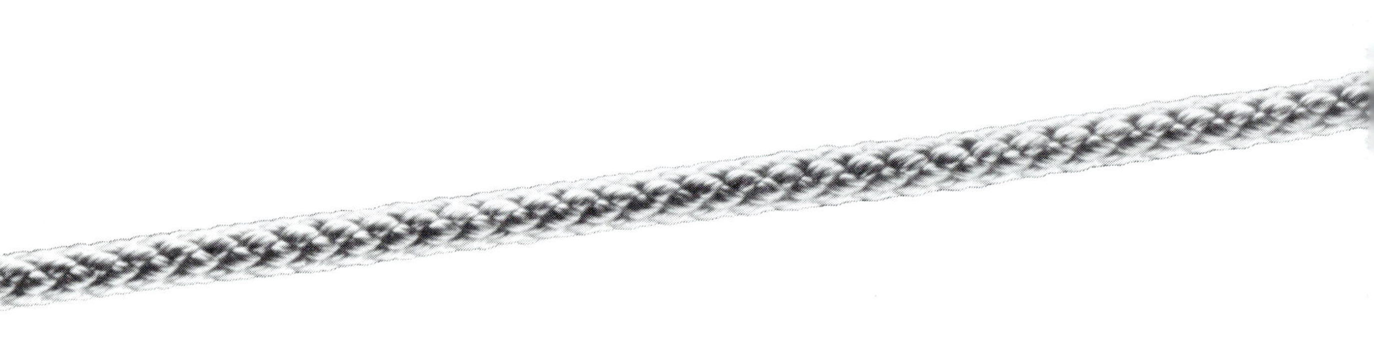

ERIC C. FRY

DAS GROSSE BLV KNOTENBUCH

Die Deutsche Bibliothek – CIP-Einheitsaufnahme

Das Große BLV Knotenbuch
Eric C. Fry. [Alle Fotos: Peter Wilson. Übers.: Gabriele Graf]. – München; Wien; Zürich: BLV, 1993
Einheitssacht.: The Shell combined book of knots and ropework <dt.>
ISBN 3-405-14489-2
NE: Fry Eric C.; Wilson, Peter; Graf, Gabriele [Übers.]; EST

Bildnachweis

Alle Fotos: Peter Wilson

Umschlaggestaltung: Zero Grafik & Design, München

Übersetzung: Gabriele Graf

BLV Verlagsgesellschaft mbH
München Wien Zürich
80797 München

Titel der englischen Originalausgabe:
The Shell Combined Book of Knots and Ropework

Satz: DTP im Verlag
Druck: Wenschow/Franzis, München
Bindung: R. Oldenbourg, München

Printed in Germany · ISBN 3-405-14489-2

Inhalt

Einführung 7

Knoten 10

1 Überhandknoten, Halbstek und Rundtörn 10
2 Englischer Knoten oder Fischerknoten 12
3 Achtknoten 13
4 Laufende Achtknoten 14
5 Reffknoten 16
6 »Dreff«-Knoten 17
7 Kreuzknoten 18
8 Binderknoten 19
9 Schotstek 20
10 Diamantknoten 22
11 Blutknoten 24
12 Tom-Fool-Knoten 26
13 Einfacher Verkürzungsstek 27
14 Manharness-Knoten aus dem Tom-Fool-Knoten 28
15 Verkürzungsstek aus dem Tom-Fool-Knoten, Verkürzungsstek mit Pinnen 30
16 Kleeblattknoten 32
17 Palstek 34
18 Palstek mit einer Bucht 36
19 Französischer Palstek 38
20 Spanischer Palstek 40
21 Webeleinenstek 42
22 Rollstek 44
23 Eimerstek 46
24 Holzfällerknoten 47
25 Katzenpfote 48
26 Hakenschlag 49
27 Konstriktorknoten 50
28 Fuhrmannsstek 52
29 Hievleinenknoten 54
30 Zugknoten 56
31 Notmastknoten 58
32 Strickleiterknoten 60
33 Stelling- oder Gerüststek 62
34 Lastkahnknoten 64
35 Vierkantknoten 65
36 Affenfaust 66

Tauspleiße 68

37 Augspleiß 68
38 Augspleiß der Kahnführer 70
39 Cutspleiß 71
40 Kurzspleiß 72
41 Langspleiß 74
42 Rückspleiß 76
43 Augspleiß in der Taumitte 78
44 Flämisches Auge 80
45 Augspleiß mit einem Durchstich und Wandknotenabschluß 81
46 Kettenspleiß 82
47 Spindelauge 84
48 Verjüngung eines Tampen 86

Drahtspleiße 88

49 Admiralitätsaugspleiß 88
50 Liverpool-Augspleiß 92
51 Flämischer Augspleiß 96
52 Langspleiß aus Draht 98
53 Grummet aus Draht 102

Schmuckknoten 104

54 Wantknoten 104
55 Der »unlösbare« Knoten 106
56 Manntauknoten 107

Inhalt

57 Kronenknoten 108
58 Wandknoten 110
59 Türkischer Bund 112
60 Schmückende Verwendung von Wandknoten 114
61 Schmückende Verwendung von Kronenknoten 116
62 Diamantknoten aus vier Kardeelen 118
63 Dekorativer Kleeblattknoten 120
64 Sternknoten 122
65 Ananasknoten 124
66 Rosenknoten 126
67 Segeltauknoten 128
68 Matthew-Walker-Knoten 130

Platting 132

69 Kettenstekplatting 133
70 Doppelte Kettenstekplatting 134
71 Überhandknotenplatting aus acht Kardeelen 135
72 Vierkantplatting 136
73 Twistplatting 138
74 Überhandknotenplatting aus vier Kardeelen 140
75 Einfache, dreikardeelige Platting 142
76 Einfache, siebenkardeelige Platting 144
77 Sechskardeelige Rundplatting 146
78 Achtkardeelige Rechteckplatting 148
79 Englische, siebenkardeelige Platting 150
80 Französische, siebenkardeelige Platting 152
81 Portugiesische Platting in Spiralenform 154
82 Portugiesische Platting in flacher Form 156
83 Spanische Platting 158
84 Russische Platting 160
85 Einkardeeliger Kammbändselknoten 162
86 Dreikardeeliger Kammbändselknoten 164
87 Trumm- oder Fransenplatting 166

Matten 168

88 Mehrteilige Matte 169
89 Ozeanmatte 170
90 Viereckige Ozeanmatte 172
91 Kreuzmatte 174
92 Notmastknotenmatte 176

Glockenseile 178

93 Kleines Glockenseil aus einem Kardeel 178
94 Großes Glockenseil aus sechs Kardeelen 179

Glossar 180

Einführung

Der englischen Originalausgabe dieses Buches, das erstmals 1981 unter dem Titel »The Shell Combined Book of Knots and Ropework« erschien, waren zwei Einzelbände – einer über Knoten und Seilwerk, ein anderer über praktisches und dekoratives Seilwerk – vorausgegangen. Für die deutsche Ausgabe wurden die Knoten und Seilwerke neu zusammengestellt, was bei der optischen Darstellung zu gewissen Brüchen geführt hat. Der Verlag ist aber der Meinung, daß die sachliche Zusammengehörigkeit der Inhalte für den Leser den größeren Nutzen bringt, und deshalb beispielsweise das unterschiedliche Tauwerk bei aufeinanderfolgenden Knoten in Kauf genommen werden kann.

Wenn man jemandem lehren will, einen Knoten zu knüpfen, hat man immer die Schwierigkeit, daß entweder der »Schüler« den Vorgang von der falschen Seite sieht, oder daß der »Lehrer« zum Verrenkungskünstler wird. Viele Bücher enthalten Abbildungen, schematische Darstellungen und Erläuterungen, die eher verwirrenden als erläuternden Charakter haben. Dieses Buch ermöglicht es dem Interessierten aus den Abbildungen die Knoten zu lernen, weil der Knüpfvorgang aus seiner Perspektive dargestellt wird.

Eigentlich gibt es nur sehr wenige echte Knoten – einige sprechen von insgesamt vier verschiedenen. Die Mehrzahl der sogenannten Knoten sind eigentlich Schlingen oder Steke. Dennoch bestehen sie alle aus einer Folge von Buchten und Durchstichen. Dabei kommt dem Drehen des Taus größte Wichtigkeit zu, um den Schlag beizubehalten und sicherzustellen, daß sich keine unerwünschten Verwindungen an unerwarteten Stellen ausbilden.

»Gegen den Strich gehen« ist ein Begriff, der urprünglich auf das Fell von Tieren bezogen war, und später dann im übertragenen Sinn auf Menschen angewendet wurde. Dieses Idiom gilt auch für Tauwerk. Ein Tau hat zwar keinen Strich, aber es hat einen Schlag, und – wie Tiere und Menschen – mag das Tau es überhaupt nicht, wenn man ihm »gegen den Schlag geht«. Für das Verständnis dieses Schlages – des Lebens, das in einem Tau steckt – ist es wichtig, etwas über seine Herstellung in der Seilerei zu wissen.

Mit Ausnahme des geflochtenen Seilwerks, bestehen alle Taue aus Fasern, Garnen und Kardeelen. Während der Herstellung werden die Fasern zu Garnen und diese wiederum zu Kardeelen gedreht; die Kardeele werden dann zu einem fertigen Tau gedreht, wobei der ganze Vorgang gleichzeitig und unter Spannung abläuft. Daher liegt es im Wesen des Taus, daß es sich weiter in die Richtung seines ursprünglichen Schlages drehen läßt, aber widerspenstig ist, wenn man es in die entgegengesetzte Richtung, also gegen den Schlag, drehen will.

Dies wird einem sofort klar, wenn man versucht, ein rechtsgedrehtes Tau im entgegengesetzten Drehsinn zu winden. Andererseits hat man ein leichtes Spiel, wenn man das Seil nicht nur mit dem Schlag windet, sondern auch bei jeder Windung mit einer zusätzlichen Drehung versieht. Bei diesem

Vorgehen dreht sich das Tau praktisch von selbst.

In ähnlicher Weise ist es beim Knüpfen eines Knotens manchmal notwendig, absichtlich eine Windung in das Tau zu bringen oder eine unerwünschte Windung zu entfernen. Der Palstek (Nummer 17) ist dafür ein Schulbeispiel. Wenn das Tau nicht, wie in der Abbildung gezeigt, gedreht wird, weist die fertige Bucht eine häßliche Windung auf. Wenn man wie beim Spleißen mit aufgeschlagenen Kardeelen arbeitet, muß man jedes Kardeel beim Strammziehen drehen, um den Schlag zu bewahren. Es gibt auch Fälle, wo das Tau absichtlich gegen den Schlag gewunden wird, wie das beim »Augspleiß in der Taumitte« (Nummer 43) der Fall ist.

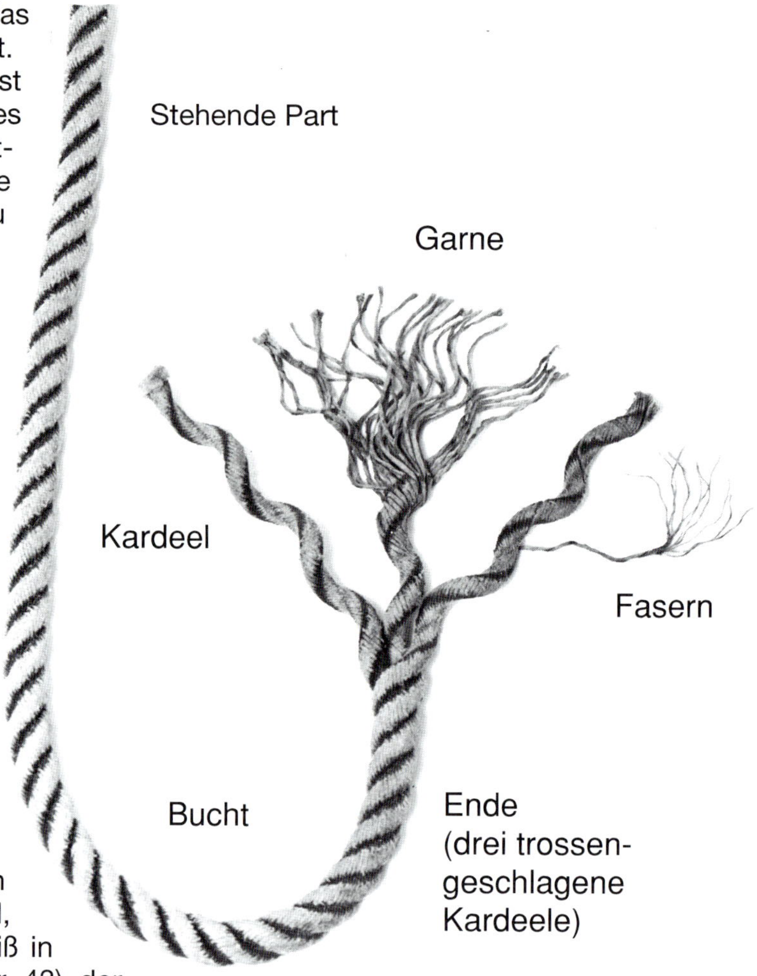

Je nachdem ob das Tau hart, weich oder biegsam ist, reagiert es unterschiedlich. Erst durch viel Übung bekommt man ein Gefühl für das Tau.

Die Mehrzahl der gewöhnlich verwendeten Taue – seien sie aus Natur- oder Kunstfasern – sind dreikardeelige, rechtsgedrehte, trossengeschlagene Kardeele. Diese Tauart findet im gesamten vorderen Teil des Buches vorwiegend Verwendung.

Der Leser muß auch mit der spezifischen Terminologie vertraut werden. In der obenstehenden Abbildung ist der Aufbau eines Taus dargestellt. Außerdem sind die wesentlichen Teile benannt. Der Takling, bei dem man mit Hilfe von Takelgarn (oder ähnlichem) das Aufdröseln eines Tauendes verhindert, wird genau beschrieben. Es reicht aus, darauf hinzuweisen, daß es drei Hauptmethoden gibt: den einfachen Takling, den West-Country-Takling und den Segelmacher-Takling (oder genähten Takling).

Die einzelnen Kardeele sollten immer mit einem Takling versehen werden, wenn man mit einem aufgeschlagenen Tampen arbeitet. Doch dies ist eine provisorische Maßnahme: Einige Drehungen mit dem Takelgarn, die mit einem Reffknoten abgeschlossen werden, reichen aus. Bei Kunstfasern hält man dann ein Feuerzeug an das Seilende und fertig ist der Takling. Ein Draht löst sich nicht, wenn man ihn mit einem Oxyazetylenbrenner anstatt mit Hammer und Meisel schneidet.

Es gibt auch andere Tauarten, z. B. vierkardeelige, geschlagene Taue mit einem rechtsgedrehten Mittelstück sowie neunkardeelige, kabelgeschlagene Taue. Letztere bestehen aus drei vollständigen, dreikardeeligen, trossengeschlagenen Tauen, die links zusammengedreht werden und so ein neunkardeeliges Tau bilden. Das relativ junge, geflochtene Tau (auch Plattingtau genannt) findet besonders bei den Freunden des Segelsports immer mehr Verwendung.

Eine große Anzahl der Knoten und Flechtwerke haben Schmuckcharakter. Wie zweckgebunden ein Knoten oder ein Tauwerk auch sein mag, die lange Seemannstradition verlangt, daß es sowohl gut aussieht als auch zweckdienlich sei. So verschönt etwa der bekannte türkische Bund die Ruderpinne und gibt dem Steuermann einen festen Griff. Es gab aber nie irgendeinen Zierat um des Zierats willen. Jeder kunstvoll gebundene Arbeitsknoten und jedes Plattingtau, jeder Segeltauknoten, jeder verzierte Seemannskoffer und jede feine Matte dient einer bestimmten Funktion im großen ganzen.

Auch in diesem Teil des Buches wird jeder einzelne Schritt bzw. Handgriff für das Knüpfen des Knotens dargestellt. Auf diese Weise kann der Leser dem Vorgang bestens folgen.

Vier Einzelkardeele wurden auch für die Knoten verwendet, die oft aus drei Kardeelen eines aufgeschlagenen Taus gebunden werden. Andere Knoten, wie etwa der Segeltauknoten, die man nur bei einem dreikardeeligen Tau verwendet, wurden entsprechend dargestellt.

Falls die hier präsentierte Knotenkunst anfangs etwas Furcht einflößt, möchten wir noch zwei Bemerkungen hinzufügen. Für das Knüpfen des Glockenseils (siehe Nummer 94 Seite 179), genügt es, die Knoten unter Nummer 10, 61 und 64 zu verstehen. Ganz gleich wie kompliziert ein Stück aussehen mag, man darf nicht vergessen, daß es lediglich aus einer Vielzahl von einfachen Drehungen (Windungen) und Schlingen (Buchten) besteht, die in einer bestimmten Stellung fixiert wurden. Der Sternknoten ist ein ideales Beispiel, da er zwar schwierig aussieht, doch nur aus sechs Grundbewegungen besteht, die an jedem der einzelnen Stränge wiederholt werden.

Was die Verwendung von Knoten betrifft, muß man kein Seemann oder Segler sein, um die Schönheit von »Fancywork« auch zuhause zu schätzen. Versuchen Sie doch einfach eine ungewöhnlich geformte Flasche in eine Lampe zu verwandeln. Schmückendes Tauwerk hat freilich selbst auf dem kleinsten Boot mehr Verwendungen als in diesem Buch beschrieben werden können. Hier ist der Einfallsreichtum des Besitzers gefordert. Doch möchten wir noch erwähnen, daß jeder Metallgriff sicherer und wärmer wird, wenn man ihn mit einem Überzug versieht. Das gilt besonders dann, wenn man sich bei rauher See stundenlang an diesem Griff festhalten muß. Wenn man diese Griffe schon benützt, kann man sie schließlich auch hübsch gestalten.

Knoten

1

Überhandknoten, Halbstek und Rundtörn

Der Überhand- oder Daumenknoten (Abbildungen 1 und 2) selbst ist nicht besonders nützlich, außer wenn es gilt, Pakete zu verknoten oder einen ziemlich unseemännischen Stopperknoten zu binden. Doch eine geringe Abwandlung (Abbildung 3) macht ihn zu einem Halbstek und damit zur Grundlage vieler anderer Knoten.

Abbildung 4 stellt den Rundtörn dar. Die Abbildungen 5 mit 8 zeigen den Rundtörn mit zwei Halbsteken, mit dem man einen Tampen wirkungsvoll festziehen kann.

2

Englischer Knoten oder Fischerknoten

Eine dekorative aber nicht übermäßig geeignete Methode, um zwei Taue von gleicher Länge zu verknüpfen. Dieser Knoten wird hauptsächlich für kleines Tauwerk, Angelzeug und ähnliches verwendet.

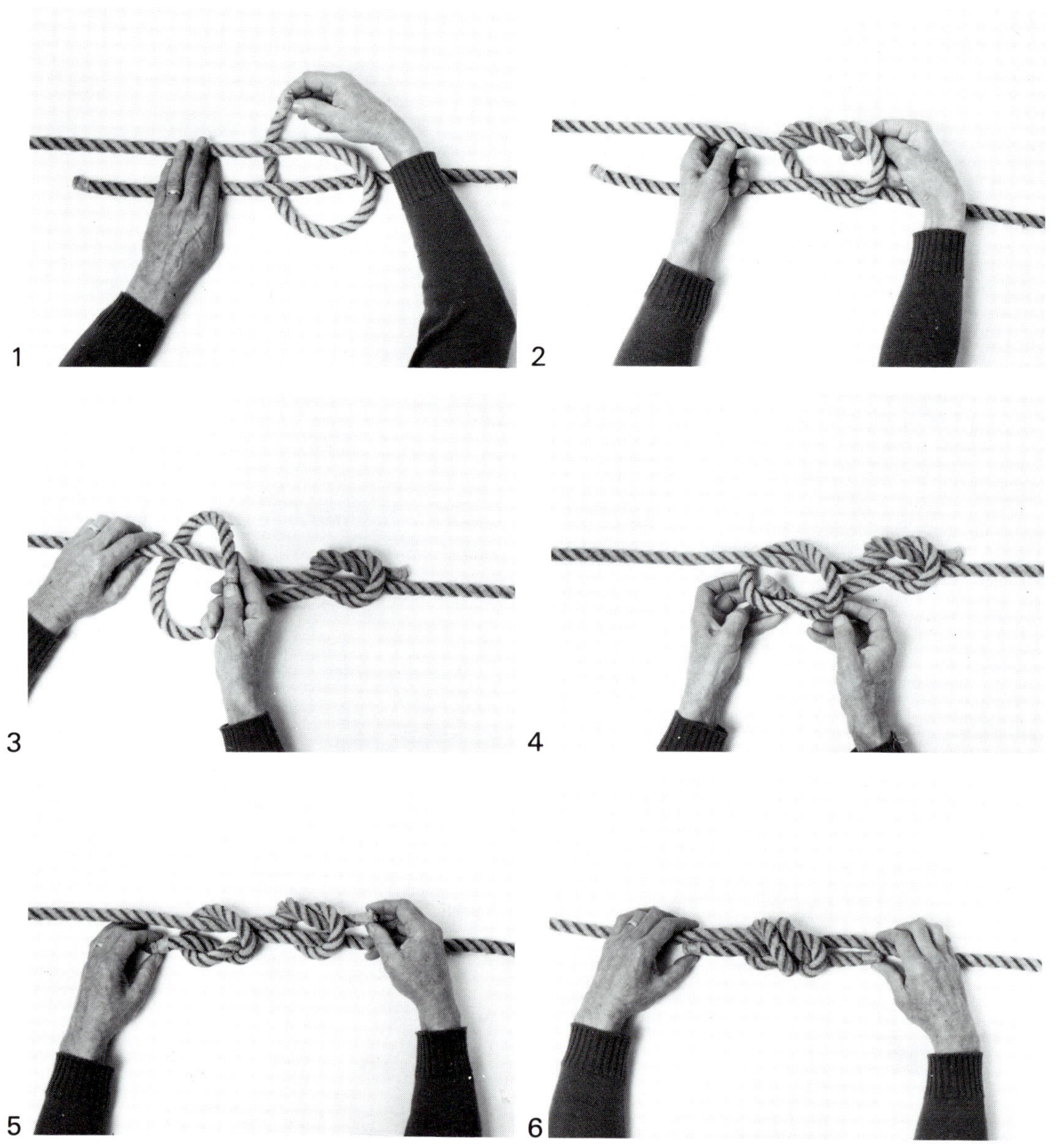

1 2 3 4 5 6

3

Achtknoten

Wenn dieser Knoten wie in Abbildung 4 geknüpft wird, bildet er einen schnell zu bindenden, wenig dekorativen und vor allem auch unseemännischen Stopperknoten.

Oft wird er in mehrfacher Folge entlang der gesamten Länge der Rettungsleinen geknüpft, die von dem Draht hängen, der die Davits mit der Wasserlinie verbindet.

1 2 3 4

4

Laufende Achtknoten

Laufende Achtknoten werden an bestimmten Stellen, meist in einem Abstand von etwa einem Meter, entlang der gesamten Länge der Rettungsleinen geknüpft, die von den Davits der Rettungsboote zur Wasserlinie herabhängen, um das Herabklettern zu erleichtern.

Man kann sich leicht vorstellen, wie jeder Knoten einzeln geknüpft und dann eine stehende Part von 20 Meter oder mehr durchgeholt wird. Die Abbildungen zeigen, wie diese Knotenreihe in einem Vorgang gebildet werden kann.

Die Entfernung zwischen den einzelnen Knoten wird von der Länge der unteren Buchten (Abbildung 4) bestimmt. Für den fotografischen Zweck werden nur drei der entstehenden Knoten gezeigt, aber das Prinzip ist immer das gleiche. Abhängig von der Länge des Taus kann eine beliebige Anzahl von Knoten gebunden werden.

Für die Bildung der Grundform des Achtknotens siehe Nummer 3.

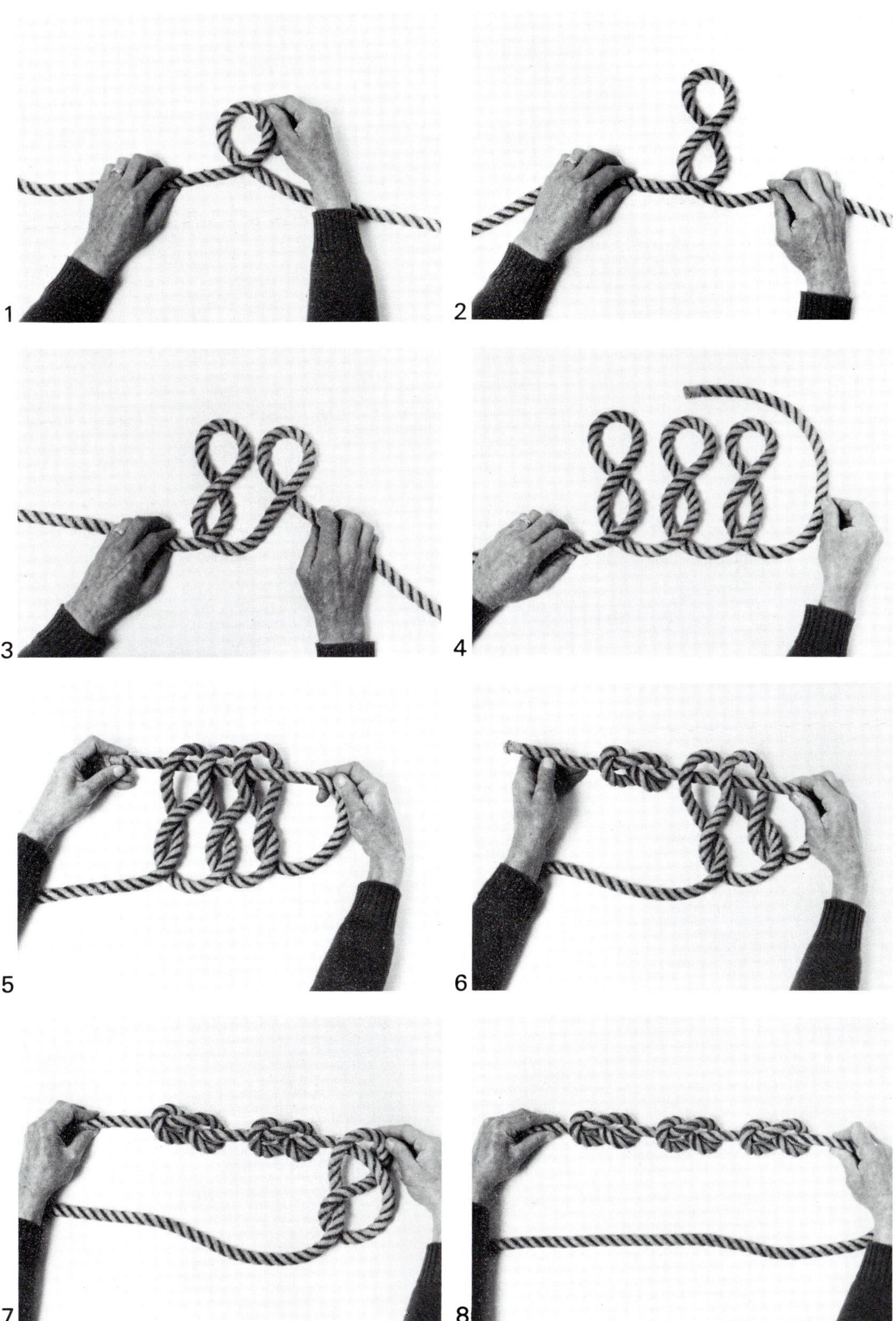
1
2
3
4
5
6
7
8

5

Reffknoten

Das ist bei weitem der bekannteste Knoten, der sehr hilfreich ist, wenn es gilt, zwei Enden zu verbinden. Er sollte aber nicht verwendet werden, um zwei Taue zu verknüpfen, die unter Zug stehen, da er sich unweigerlich bekneift.

Er wird häufig mit dem Altweiberknoten gleichgesetzt (ein mißglückter Reffknoten, der niemals hält).

Der Reffknoten zeichnet sich dadurch aus, daß stehende Part und Tampen der beiden Enden zusammenliegen, wenn sie an den entgegengesetzten Seiten des Knotens hervortreten. Am besten behält man dabei die Eselbrücke »links über rechts, rechts über links« oder umgekehrt im Gedächtnis.

6

»Dreff-Knoten«

Betrachten Sie die beiden Knoten in Abbildung 3. Sind beide Reffknoten? Der untere wurde Diebesknoten genannt. Um aber eine Verwechslung mit dem Zugknoten (ein Begriff aus der Feuerwehr) zu vermeiden, der auch manchmal Diebesknoten genannt wird, sollte man vielleicht Dieb und Reff zu »Dreff« zusammenziehen.

Er ist ein Verräterknoten. Wenn man ihn zum Beispiel zum Verschließen eines Seesackes verwendet, kann man feststellen, ob sich jemand an diesem zu schaffen machte, da ein Dieb wahrscheinlich einen normalen Reffknoten verwendet, um den Seesack wieder zu verschließen, nachdem er den Inhalt beäugt hat.

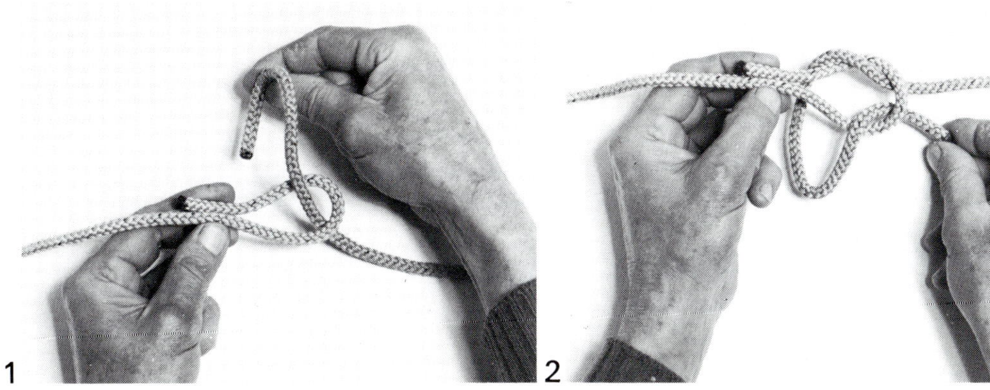

1

2

3

7

Kreuzknoten

Es gibt zwei Methoden, um einen Kreuzknoten zu knüpfen. Die erste wird in den Abbildungen 1 mit 3 gezeigt und ähnelt dem Reffknoten. Wie bei diesem kann ein kleiner Fehler zu einem Altweiberknoten führen. Der Kreuzknoten ist zur Verbindung zweier Enden bei großen Tauen besonders nützlich und kann leicht gelöst werden.

Die Abbildungen 4 mit 6 zeigen die andere Methode, einen Kreuzknoten zu knüpfen. Der so entstehende Knoten ist von Natur aus ein »Flachknoten« und bildet keinen rechten Winkel aus.

Als Grundlage für die Kreuzmatte wird dieser Knoten beliebig oft verdoppelt und erweitert. Er bildet auch die Grundlage für den schmückenden Diamantknoten.

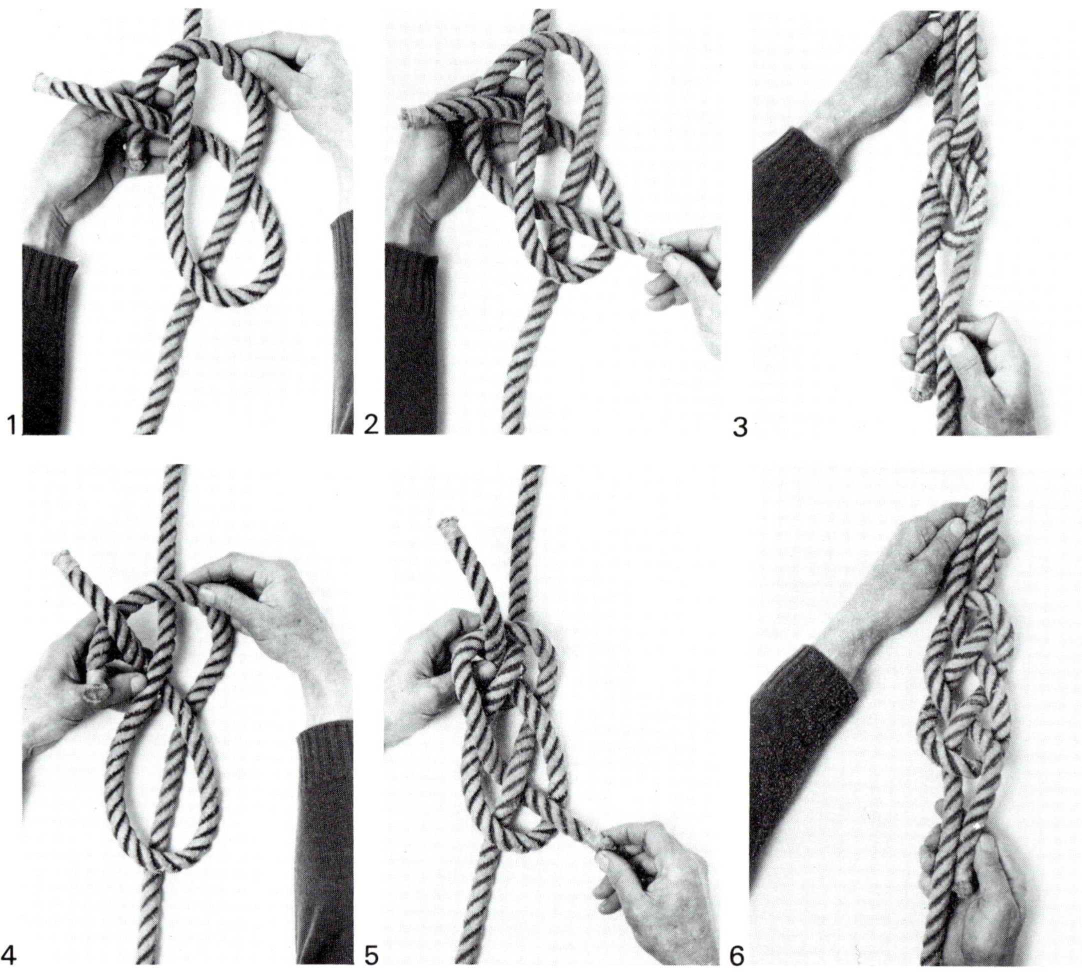

8

Binderknoten

Einer der weniger bekannten Knoten und eine Abwandlung des Schotsteks. Er wird für den gleichen Zweck verwendet. Auch hier gilt die Regel bezüglich der unterschiedlichen Stärken der Taue.

Da die beiden Enden auf der gleichen Seite austreten und bei einer stehenden Part liegen, eignet sich dieser Knoten besonders dann, wenn man nahe an einem Block arbeitet und die Enden auf die vom Block abgewandte Seite des Knotens legt.

Er kann auch über eine große Rolle geführt werden, wenn der Zug in die Richtung wirkt, die der Lage der Enden entgegengesetzt ist.

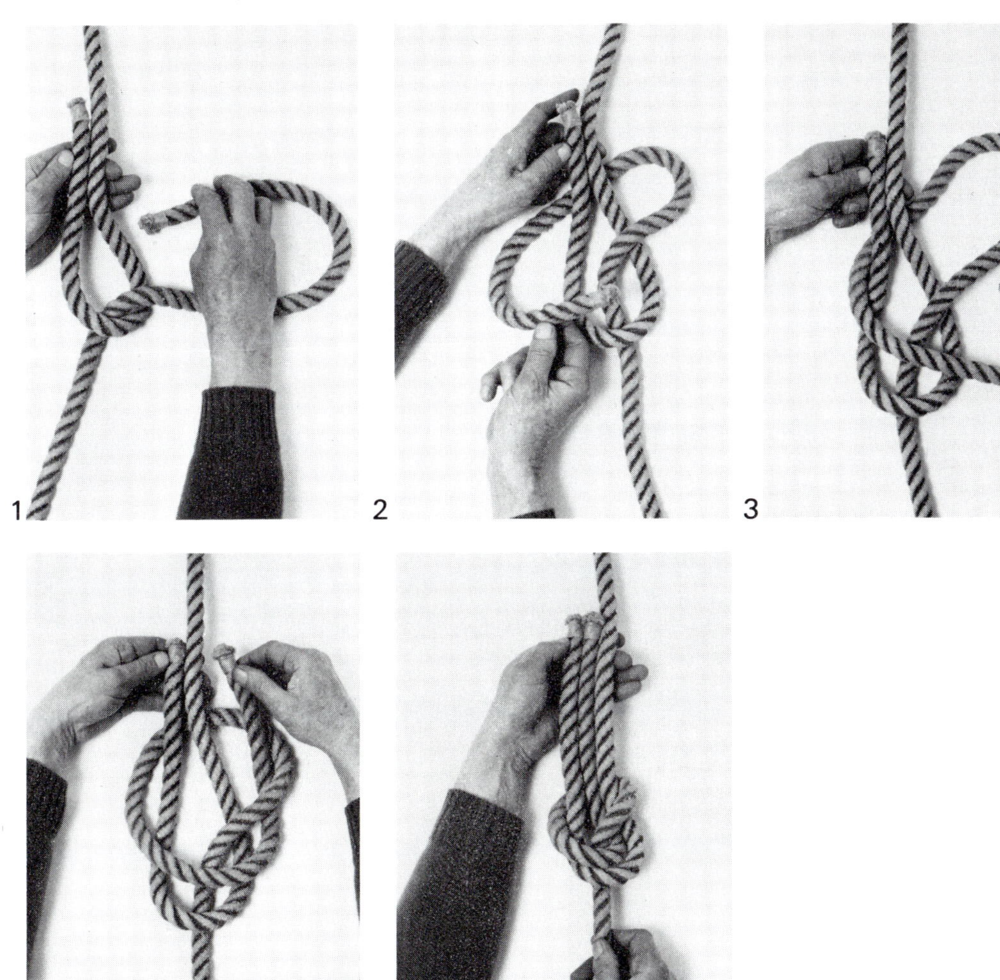

1 2 3 4 5

9

Schotstek

Dies ist der gebräuchlichste Knoten, um zwei Taue zu verknüpfen, und er ist vor allem bei unterschiedlich starken Tauen hilfreich, wenn das größere Tau die Bucht und das kleinere die Schlingen oder Törns bildet.

Doppelter Schotstek

Der einzige Unterschied zwischen dem Schotstek und dem Doppelten Schotstek besteht darin, daß bei letzterem zwei Törns um die Bucht des Haupttaus gelegt werden, während erstere Version nur einen Törn hat. Die Abbildungen 1 mit 5 zeigen den Schotstek und die Abbildungen 6 mit 8 den Doppelten Schotstek.

Dieser Knoten ist noch wirkungsvoller, wenn die beiden Taue die gleiche Stärke haben.

1
2
3
4
5
6
7
8

10

Diamantknoten

Dies ist ein reiner Zierknoten, der dazu verwendet werden kann, das Auge eines Taljereeps oder den Anfang eines Glockenseils zu bilden. Er ist die natürliche Fortsetzung der auf der vorhergehenden Seite beschriebenen zweiten Ausführung von Kreuzknoten und wird in der Mitte eines Taus durch eine kleine Bucht gemacht, die schließlich ein Auge bildet.

Die zwei Enden werden herumgeführt und durch die Mitte des ursprünglichen Kreuzknotens gesteckt. Danach wird der Knoten in Richtung Auge gezogen und alle Teile dichtgeholt. Siehe auch Nummer 62, Seite 118.

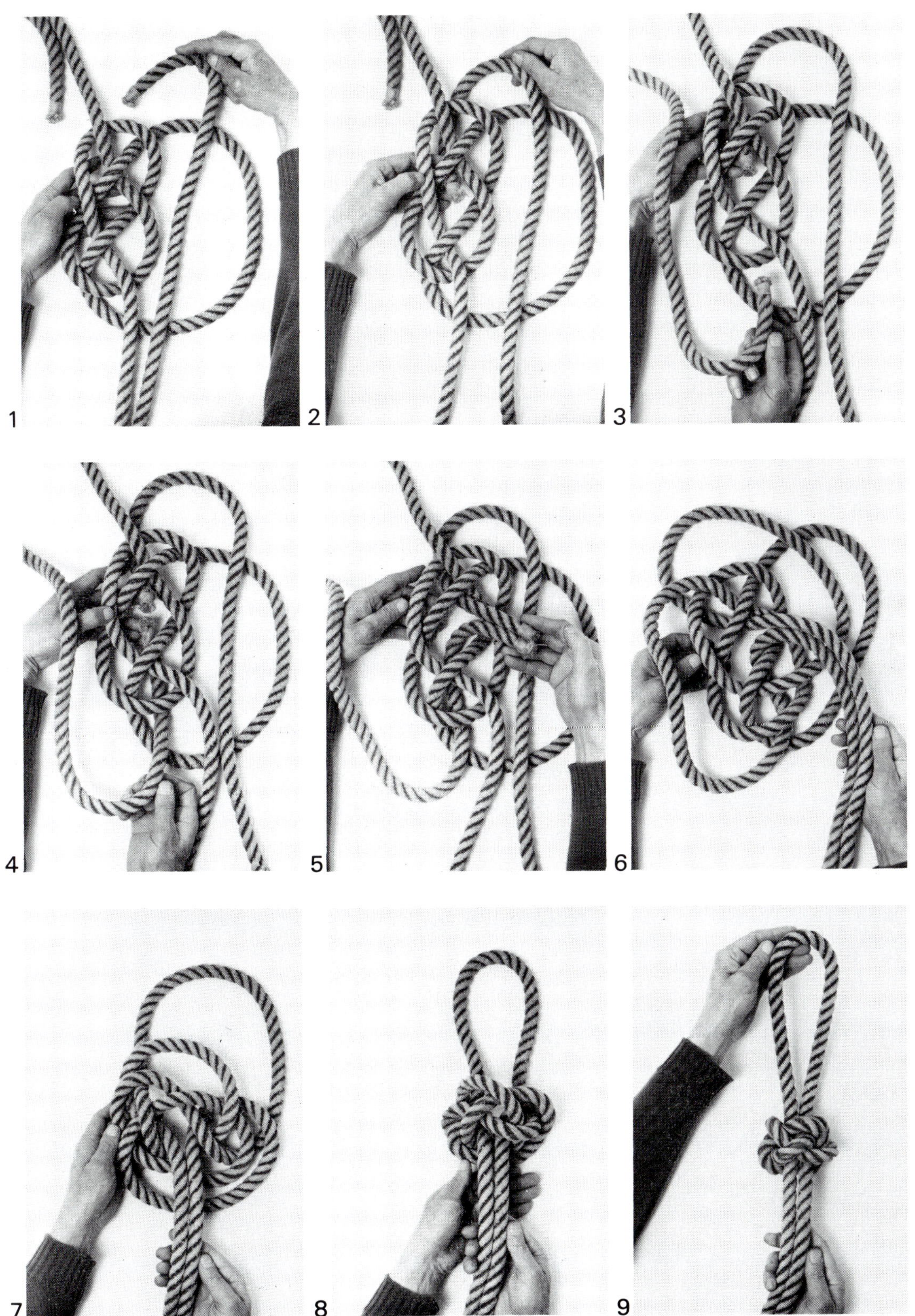
1
2
3
4
5
6
7
8
9

11

Blutknoten

Dieser Knoten eignet sich besonders für dünnes und vor allem glattes Tauwerk. Fischer verwenden ihn gerne für die Verknüpfung von Nylonschnüren usw. Der hier abgebildete Knoten ist der gebräuchlichste, aber es gibt mehrere Varianten.

Die Abbildungen 1 mit 3 zeigen die rechte Hälfte des Knotens. Danach wird der gleiche Vorgang mit der anderen Hälfte wiederholt, wobei man gegengleich arbeitet (Abbildung 4). Die Abbildung 5 zeigt den fertigen Knoten.

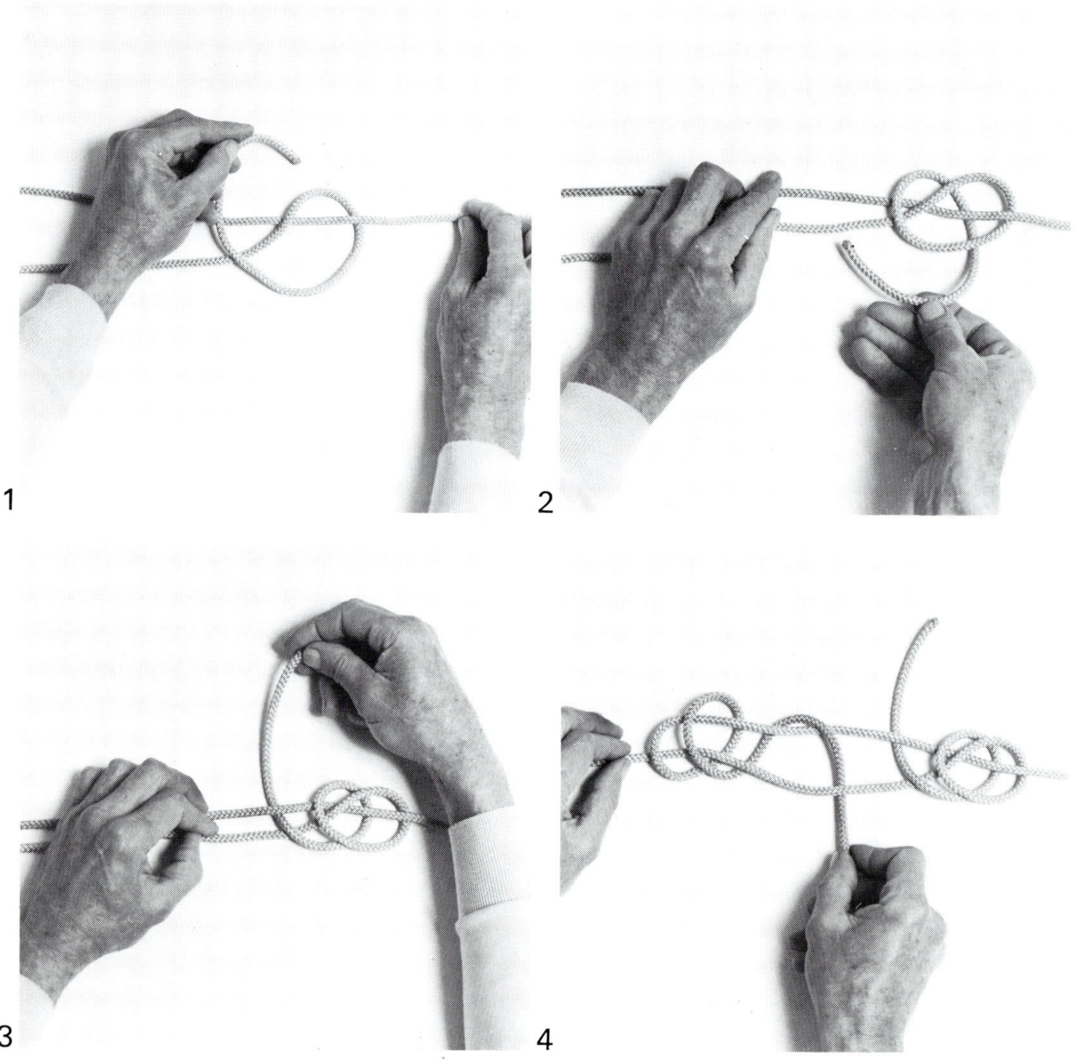

1 2 3 4

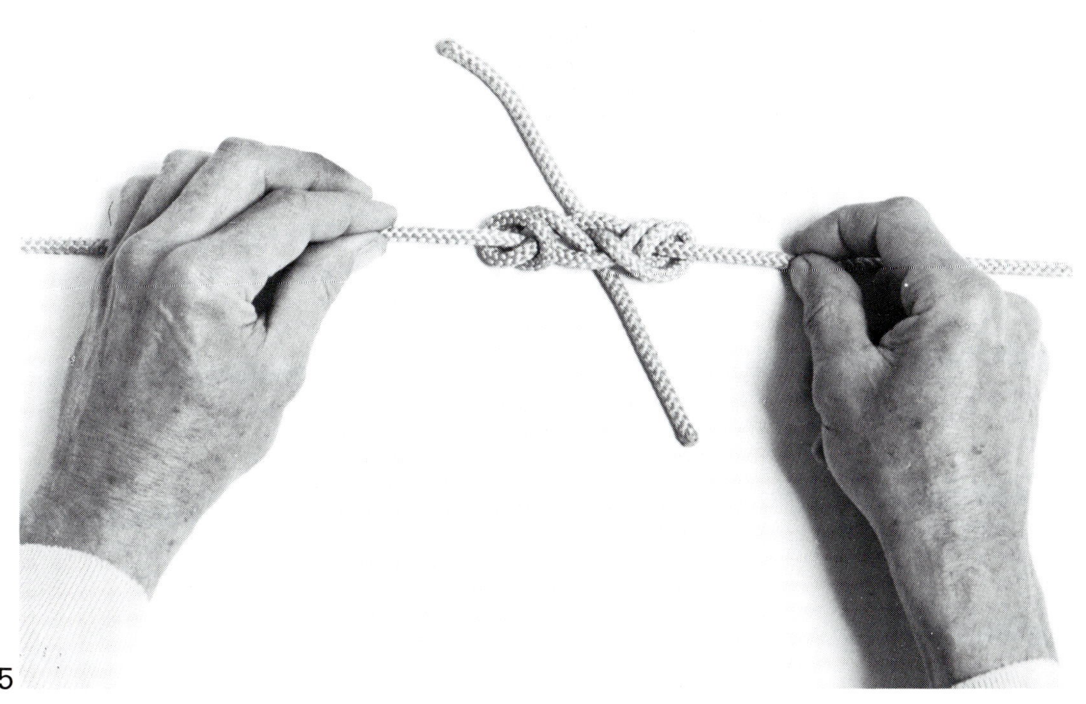

5

12

Tom-Fool-Knoten

Dieser Knoten ist an sich nicht besonders zweckmäßig, sondern – wie der Name schon vermuten läßt – eigentlich ein Trickknoten. Aber er bildet die Grundlage für andere, praktischere Knoten (Nummer 14 und 15).

Er ist zweifellos am besten dazu geeignet, die grundlegende Beziehung von Händen und Seil darzustellen. Dieser Knoten sollte in einem Zug mit einer schwungvollen Handbewegung gebunden werden. Die Voraussetzungen für das erfolgreiche Knüpfen jedes Knotens – harmonisches Zusammenspiel der Hände, Verständnis des Schlags und Fingerspitzengefühl – werden sogar aus den zwangsläufig statischen Abbildungen ersichtlich.

13

Einfacher Verkürzungsstek

Der einfache Verkürzungsstek besteht aus zwei gegenüberliegenden Buchten, deren Länge davon abhängt, um wieviel das Tau verkürzt werden soll. Die Buchten werden an beiden Enden mit Halbsteken abgeschlossen.

Der fertige Knoten sollte in dieser Stellung festgehalten werden, bis das Tau unter Zug steht. Wenn das Seil unterschiedlicher Zugbelastung ausgesetzt ist, sollten die herausragenden Buchten zu ihren stehenden Parten geholt werden, nachdem der Knoten möglichst weit gedehnt worden ist.

Die Stärke des Taus ist zwischen Steken natürlich erhöht, was aber bedeutungslos ist, weil die stehenden Parten ausschlaggebend sind.

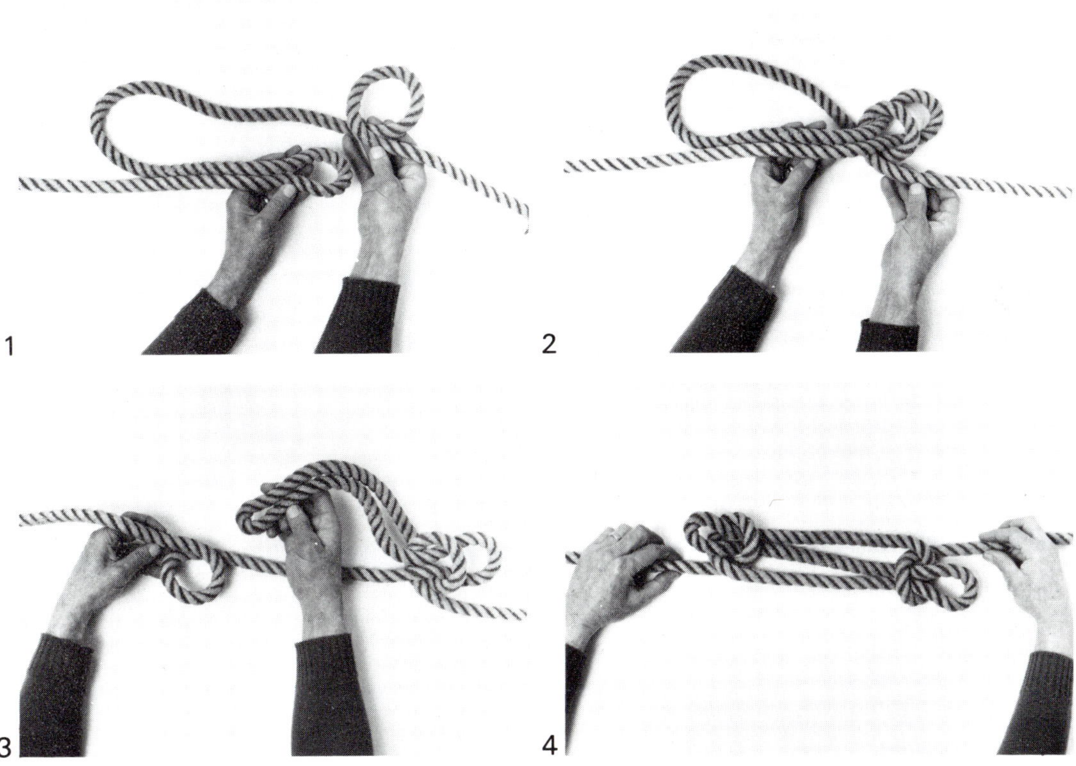

14

Manharness-Knoten aus dem Tom-Fool-Knoten

Der Tom-Fool-Knoten (Nummer 12) bildet zusammen mit zwei Halbsteken das Geschirr. Dieser Knoten wird manchmal auch als Geschirrknoten bezeichnet und eignet sich dazu, eine verletzte Person an der Seite eines Schiffs oder an der Fassade eines Gebäudes herabzulassen.

Der Tom-Fool-Knoten wird in der Mitte eines Seils geknüpft, dessen Länge mindestens der zweifachen Wegstrecke entsprechen muß. Die Buchten werden so gelegt, daß die eine doppelt so groß ist wie die andere. Die Größen der Buchten sind auch von der Größe der verletzten Person abhängig (z.B. Kind oder Erwachsener).

Für fotografische Zwecke wurden die Buchten in Miniaturgröße ausgelegt, und wären in Wirklichkeit – auch bei einem Kind – beträchtlich größer.

Um das Geschirr zu bilden, wird an beiden Seiten ein Halbstek gebunden. Dieser wird dann am Verletzten angebracht, wobei die kleinere Bucht um die Brust und unter die Achseln und die größere unter die Schenkel gelegt wird. Der Knoten selbst liegt beim Verwundeten vorne, etwas oberhalb der Brust. Eine Hälfte des Seils wird oben behalten, um den Verletzten herabzulassen, während das andere Ende zu einem Helfer herabgeworfen wird. Die verwundete Person wird in eine sitzende Haltung gebracht, wobei das Körpergewicht auf den Schenkeln liegt. Der Helfer hält die stehende Part straff und achtet darauf, daß der Verwundete in einer sicheren Entfernung von der Schiffseite herabgelassen wird, um ein Anschlagen zu vermeiden.

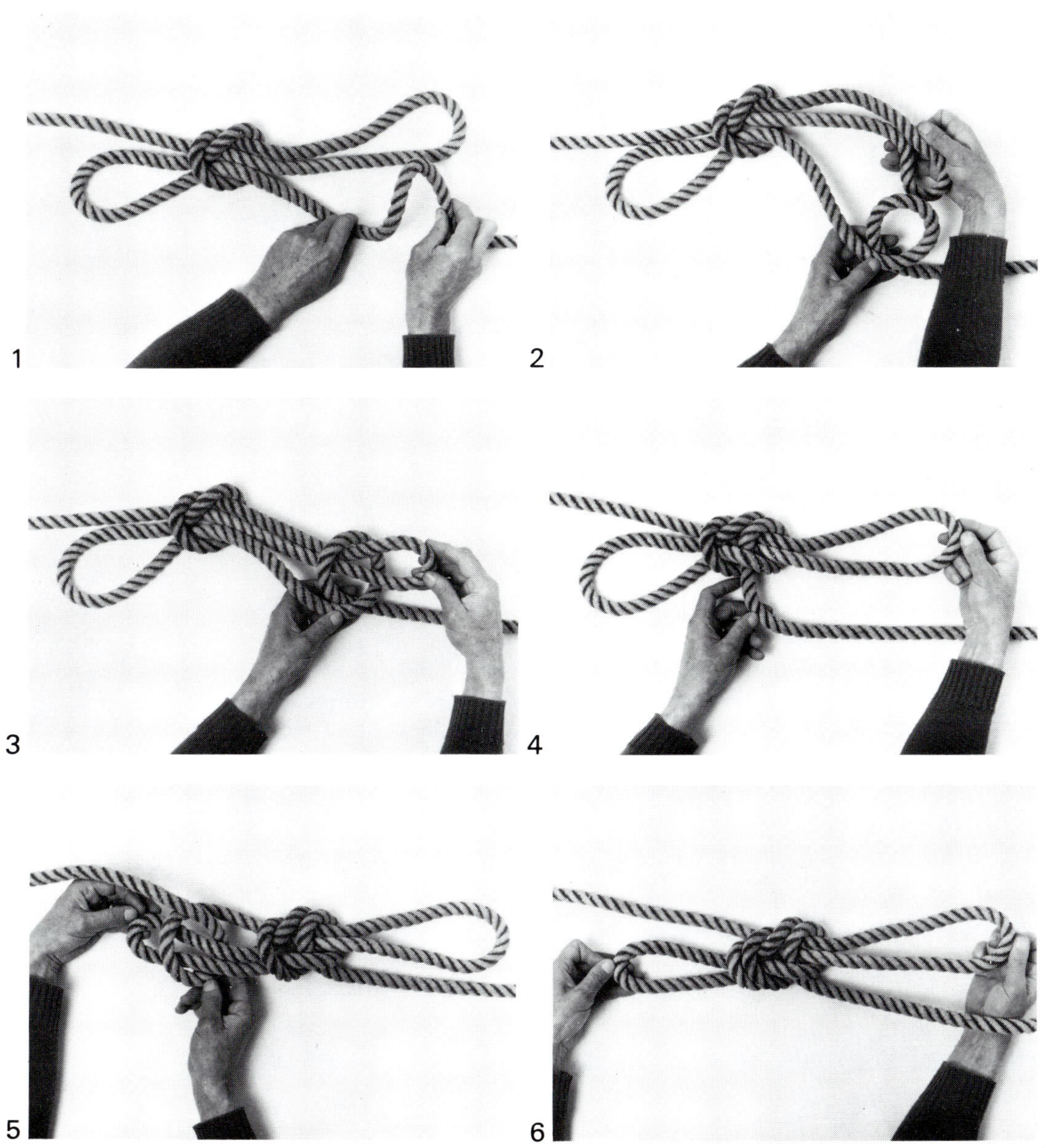
1
2
3
4
5
6

15

Verkürzungsstek aus dem Tom-Fool-Knoten, Verkürzungsstek mit Pinnen

Es gibt verschiedene Möglichkeiten einen Verkürzungsstek zu binden. Allen gemeinsam ist die Absicht, ein Tau zu verkürzen, ohne es abzuschneiden. In diesem Fall hat der Tom-Fool-Knoten keinen Einfluß auf die Effizienz des fertigen Knotens. Bei einem langen Stek hält er bestenfalls die drei Teile in der Mitte zusammen, wobei er selbst nicht unter Zug steht.

Wie in den Abbildungen dargestellt, entsteht der Knoten dadurch, daß ein Halbstek über die Buchten an den äußersten Enden des Tom-Fool-Knoten links und rechts der Mitte getörnt und gelegt wird.

In der gepinnten Version (Abbildungen 6 mit 8) werden weitere Buchten an den stehenden Parten an beiden Enden durch die bereits gelegten Endbuchten des Knotens gezogen und mit Marlspicker oder ähnlichen Pinnen gesichert. Die Pinnen müssen mit einem Bändsel (nicht dargestellt) befestigt werden.

Das Ganze dient keinem besonderen Zweck, sondern ist nur eine raffinierte Methode, um sicherzustellen, daß die Endsteke sich nicht lösen, was leicht geschehen kann, wenn das Tau unterschiedlicher Zugbelastung ausgesetzt ist.

Unter diesen Umständen genügt es, die Endbuchten zu den stehenden Parten zu holen, nachdem die Anfangslast angebracht worden ist.

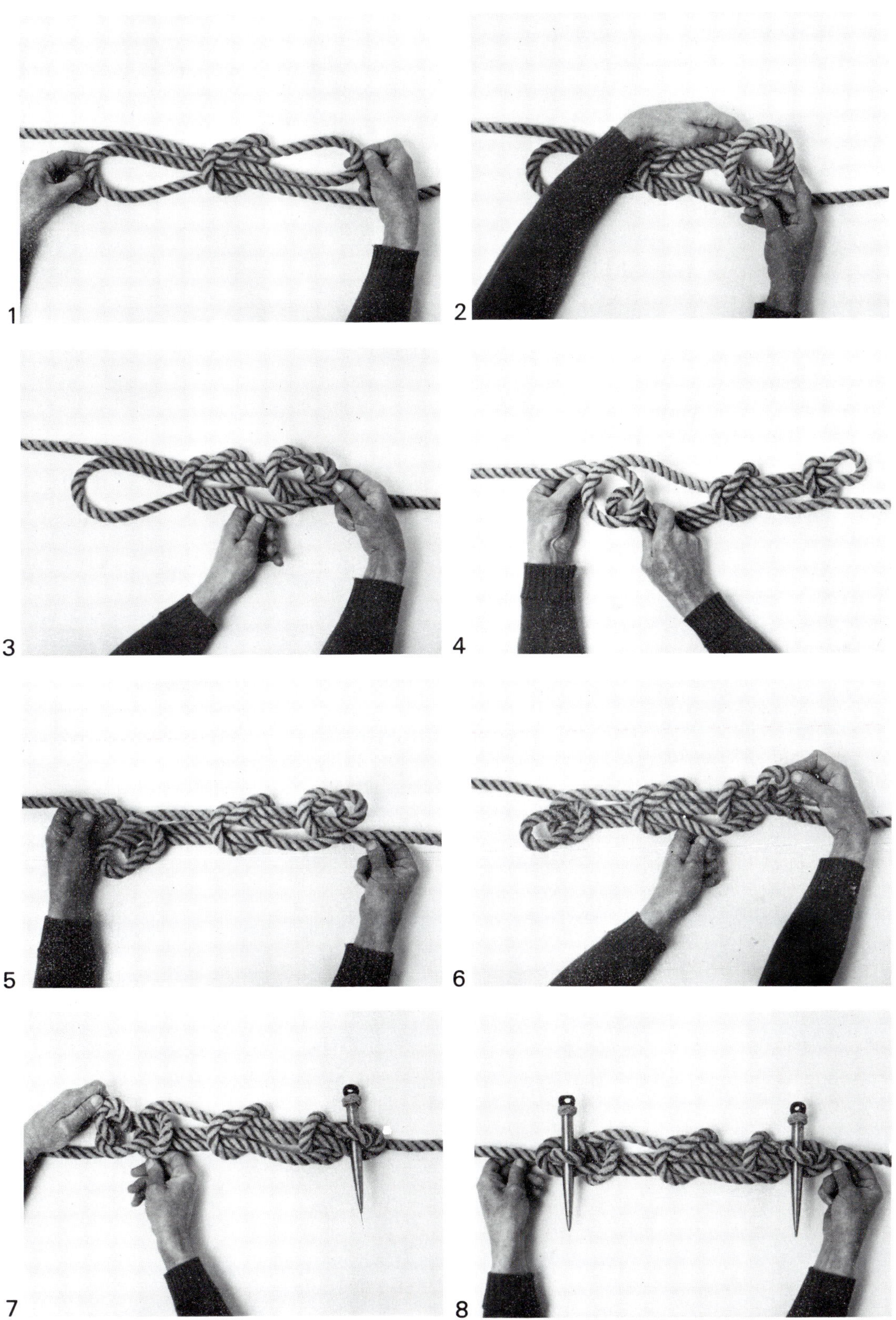
1
2
3
4
5
6
7
8

16

Kleeblattknoten

Er ist eigentlich ein Schmuckknoten und gehört in die gleiche Familie wie der Notmastknoten (siehe Nummer 31, Seite 58). Seine praktische Verwendbarkeit ist beschränkt, aber wenn man die Tampen mit einem kurzen Spleiß verbindet und die Buchten verlängert und anpaßt, entsteht eine ideale Schlinge für einen kugelförmigen Gegenstand.

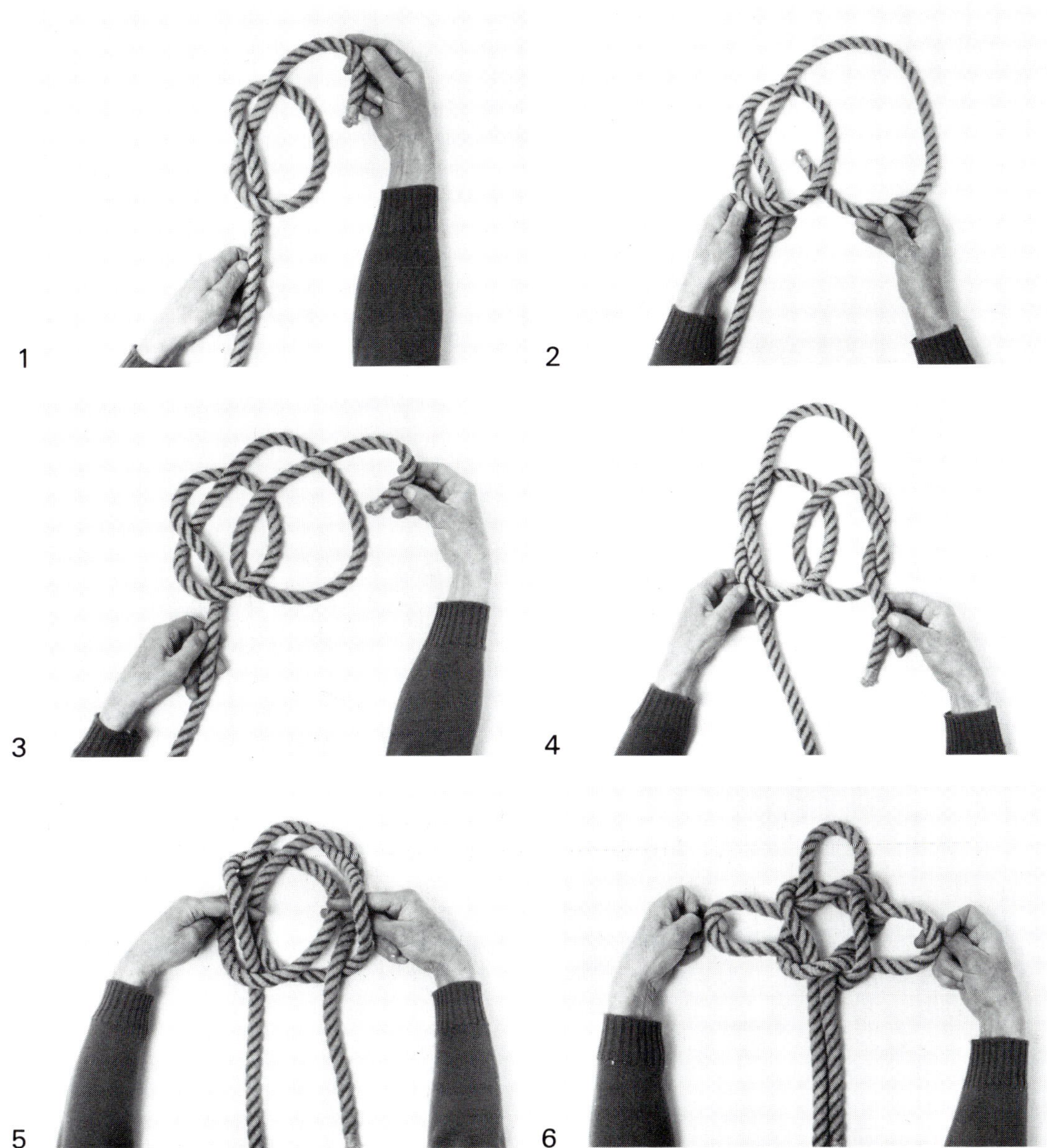

17

Palstek

Dieser Knoten wird gebunden, indem man, wie in Abbildung 4 gezeigt, die Schlinge getrennt bildet und den Tampen nachträglich durchsteckt. Es ist aber wesentlich eleganter, wenn man die in Abbildung 4 dargestellte Stufe in einer fortlaufenden Bewegung erreicht. Das Ende wird über die stehende Part gehalten (Abbildung 1), die rechte Hand wird im Uhrzeigersinn um fast 180° gedreht, während die linke Hand die Bucht über den Tampen hebt (Abbildungen 2 und 3). Dadurch entsteht eine Schlinge, deren Ende automatisch nach oben durchgesteckt ist (Abbildung 4). Bei diesem Vorgang entsteht ein Törn in der Bucht, den man durch eine Drehung der Finger der rechten Hand entweichen läßt.

Der Knoten wird dadurch abgeschlossen, daß man den Tampen hinten um die stehende Part führt und ihn durch die Schlinge nach unten steckt (Abbildungen 5 mit 7).

Laufender Palstek

Der Laufende Palsteck ist einfach ein Palstek, der um die eigene stehende Part gebunden wird. Dadurch entsteht die in Abbildung 8 gezeigte Schlinge.

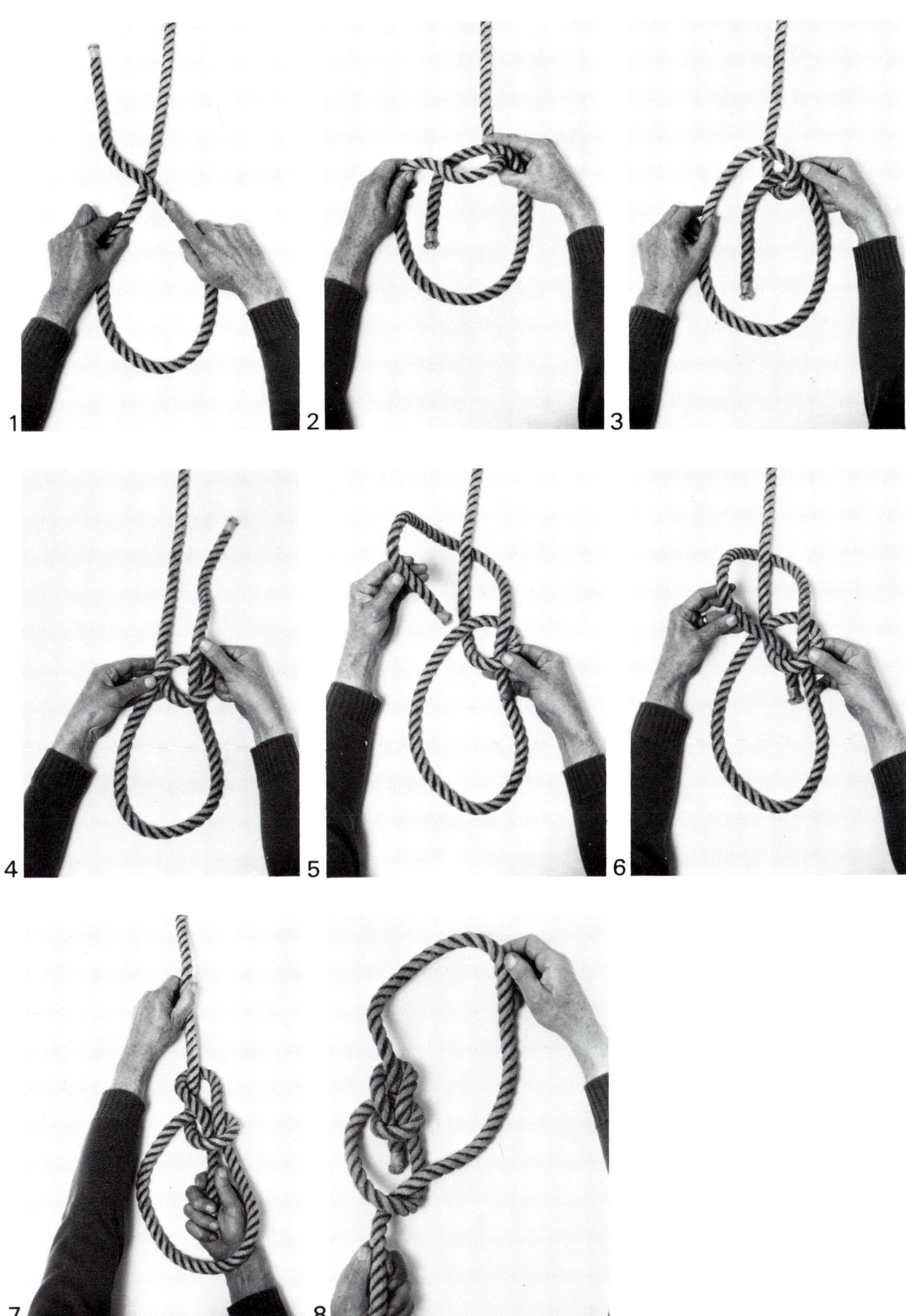
1
2
3
4
5
6
7
8

18

Palstek mit einer Bucht

Die Anfangsbewegungen zum Binden dieses Knotens sind die gleichen wie beim einfachen Palstek (Nummer 17, Abbildungen 1 mit 4), außer daß eine Bucht des Seils verwendet wird (Abbildung 1).

Die Abwandlung erfolgt dadurch, daß man einen ausreichenden Teil der Bucht nach oben durch die Schlinge zieht und diesen dann über die zwei Hauptbuchten nach unten legt und über den Knoten nach hinten wieder in die Stellung um die stehenden Parten bzw. Tampen bringt. Dieser Knoten kann als Geschirr verwendet werden (ähnlich dem auf Seite 28 dargestellten), indem man ihn in der Mitte eines langen Seils knüpft, wobei die zwei stehenden Parten und die Größe der Buchten, wie vorher beschrieben, verändert werden. Wenn die ursprüngliche Bucht aus Abbildung 1 um die stehende Part und durch die Schlinge nach unten geführt wird (wie beim Tampen eines Palsteks), wird der Knoten zum Doppelten Palstek (nicht dargestellt).

1
2
3
4
5
6

19

Französischer Palstek

Der Anfang des Französischen Palsteks entspricht genau dem Knüpfvorgang des gewöhnlichen Palsteks (Knoten 17). Der Tampen kreuzt die stehende Part (Abbildung 1), die dann übergehoben wird und die Bucht bildet, wobei das Ende automatisch nach oben durchgesteckt wird (Abbildungen 2 und 3).

Beim Französischen Palstek führt das Ende eine vollständige Drehung durch (Abbildung 4), bevor man es nach oben durch die Schlinge steckt (Abbildung 5) und dann um die stehende Part herum wieder durch Schlinge und Bucht (Abbildung 6) nach unten führt.

Durch diesen Knoten entstehen an einem einzigen Ende zwei Buchten. Er ist besonders nützlich, wenn die Gefahr des Schamfilens besteht oder wenn man mit Draht arbeitet.

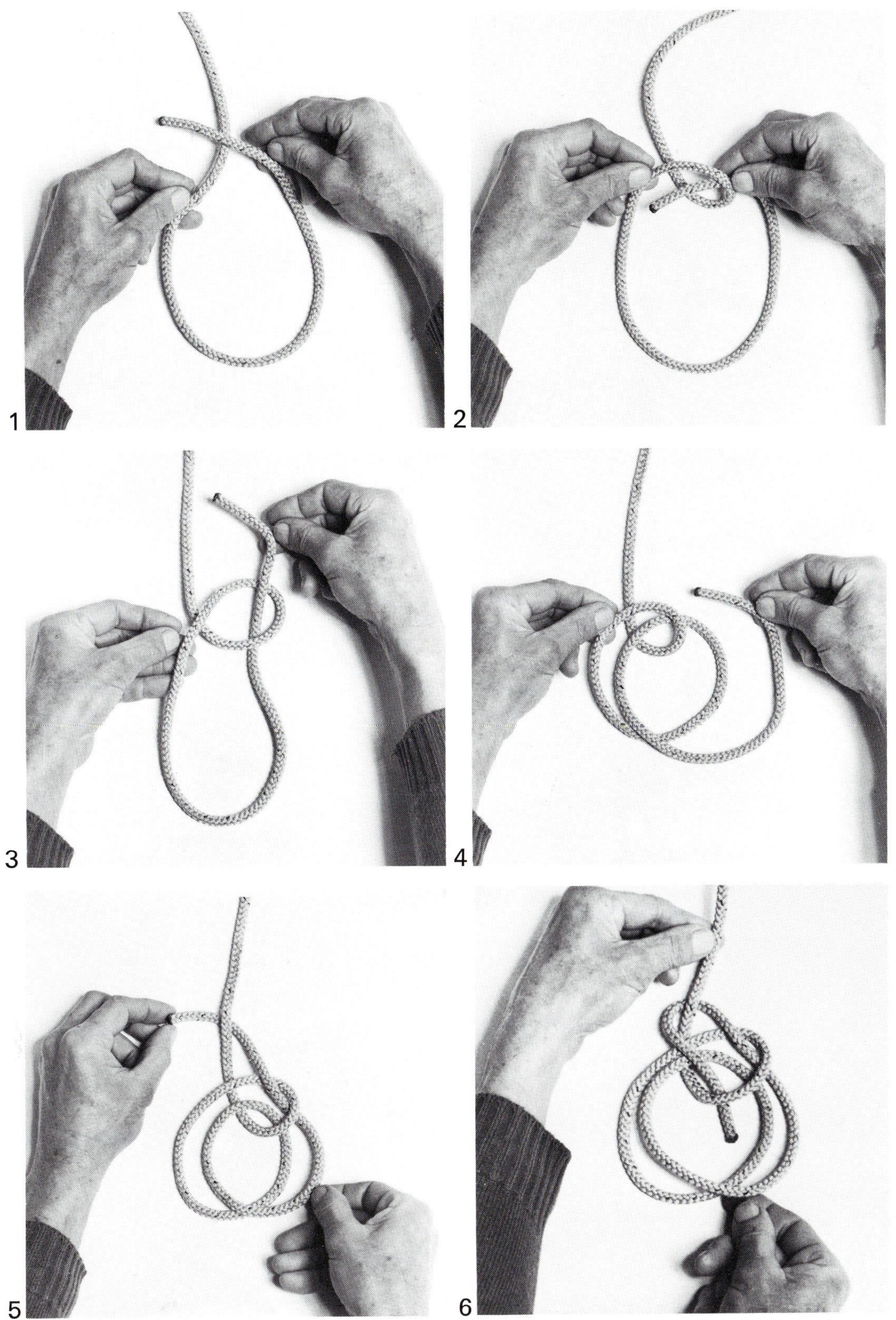
1
2
3
4
5
6

20

Spanischer Palstek

Dieser Knoten wird an einer Bucht geknüpft. Er wird verwendet, wenn beide stehende Parten unter Zug stehen. In der entsprechenden Größe kann er zum Abseilen verwendet werden; die Beine werden durch die Schlaufen gesteckt, mit den Händen hält man sich an den stehenden Parten fest, die von oben kommen. Man bindet ihn gewöhnlich in der Hand. In der Abbildung wird er »flach« dargestellt, d.h. auf einer ebenen Unterlage ausgelegt, um das Erscheinungsbild, das aus einer Anzahl von Buchten besteht, besser zeigen zu können (Abbildung 1).

Abbildung 1 wird zu Abbildung 2, indem man die große Bucht im Uhrzeigersinn kreuzt. Die entstehende obere Bucht (Abbildung 2) wird über die zwei kleinen Buchten (Abbildungen 3 und 4) nach unten geführt und hinter der stehenden Part wieder nach oben gelegt (Abbildung 5). Jede Seite dieser Bucht wird durch die jeweilige kleine untere Bucht nach unten gesteckt (Abbildung 6) und dichtgeholt (Abbildung 7).

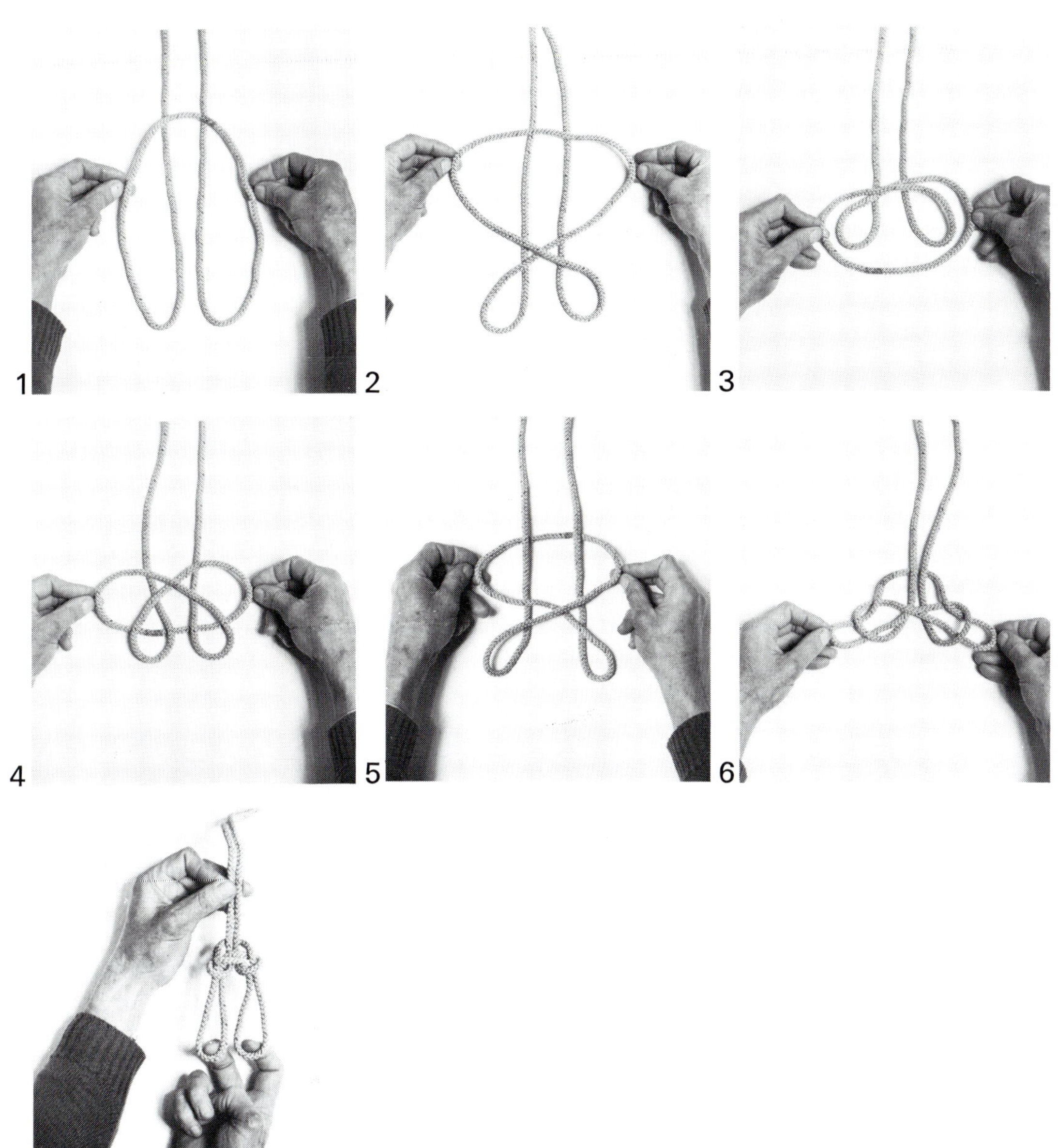
1
2
3
4
5
6
7

21

Webeleinenstek

Ein Webeleinenstek wird dann gewunden genannt, wenn man ihn nicht über ein erreichbares, offenes Ende eines Gegenstandes, wie bei einer Reling oder einem Muringring, legen kann (Abbildungen 1 mit 4). Der gelegte Webeleinenstek kann mit beiden Buchten in den Händen gebildet werden. Anschließend wird der Knoten über einen Pfosten oder ähnliches geworfen wird (Abbildungen 5 mit 7).

Ausgehend von Abbildung 5 wird die rechte Bucht über die linke gelegt, wodurch der fertige Knoten entsteht, wie er in Abbildung 6 dargestellt ist.

Wenn dieser Knoten ständig unter Zug steht, löst er sich leicht. Wenn er an einem Gegenstand befestigt ist, der sich drehen kann, wickelt er sich unter Umständen ab. Deshalb sollte er immer mit wenigstens einem Halbstek abgeschlossen werden.

1

2

3

4

5

6

7

22

Rollstek

Dies ist einfach ein Webeleinenstek mit zwei (oder mehr) Anfangstörns anstatt einem, die zur stehenden Part und über ihren eigenen Anfangstörn (oder Törns) nach hinten gelegt werden. Dieser Vorgang, durch den die Törns festgeklemmt werden, ist in den Abbildungen 1 mit 4 dargestellt. Bei den Abbildungen wurde der Tampen absichtlich kurz gehalten, um den Schlag der Anfangstörns zu zeigen (vor allem in Abbildung 4). In der Praxis benötigt man aber ein längeres Ende, um den Knoten wie in Abbildung 6 gezeigt abzuschließen.

Wie der Webeleinenstek sollte auch dieser Knoten mit mindestens einem Halbstek abgeschlossen werden. Ganz gleich wie glatt die Oberfläche des Gegenstandes ist, um den der Rollstek gewunden ist, kann er nicht im rechten Winkel zu den Törns abgezogen werden, wenn die zwei oder mehr Anfangstörns wirklich fest angezogen wurden. Er hält nur, wenn die in Abbildung 6 gezeigte Endform nach rechts gezogen wird.

Wenn ein Tau oder ein Draht über einer Winde oder einem Gangspill unter Zug steht, muß man es zeitweilig sichern, während das Ende von der Trommel entfernt und an Pollern oder ähnlichem befestigt wird. Dabei wird ein kurzes Stück von einem Tau oder einer leichten Kette, Stopper genannt, verwendet. Ein Ende wird am Deckaufbau oder am Poller selbst festgemacht, und das andere Ende wird an dem betreffenden Seil oder dem Draht befestigt. Der Draht wird dann gelockert, bis die Last auf dem Stopper liegt. Diesen Vorgang nennt man »Abstoppen«. Der Stopper sollte in diesem Fall mit dem Rollstek befestigt werden. Andere Anwendungen hängen selbstverständlich von den Umständen ab.

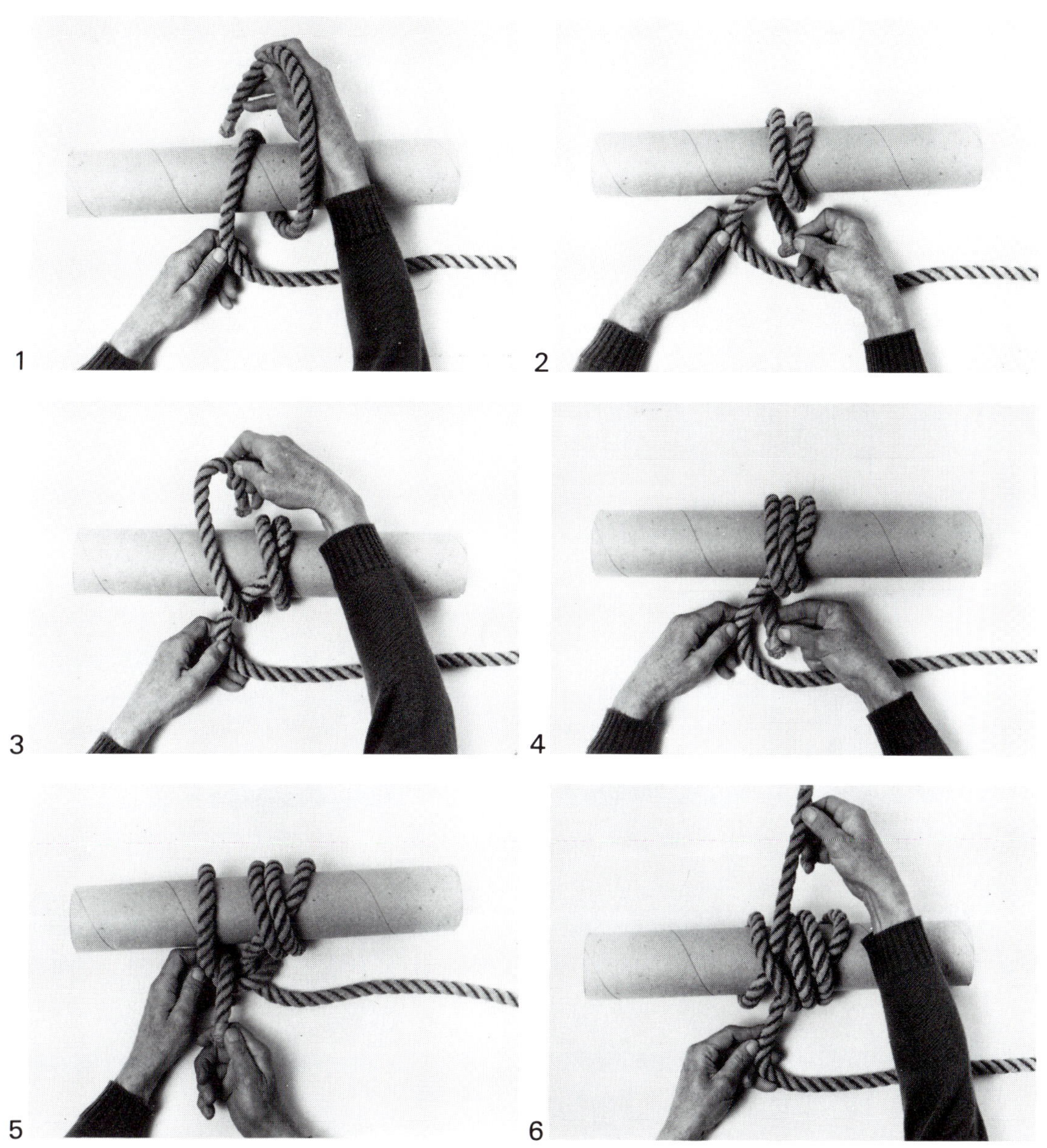
1
2
3
4
5
6

23

Eimerstek

Fischerstek wird dieser Knoten häufig bezeichnet. Geläufiger ist allerdings Eimerstek. Wie der Name schon sagt, eignet sich dieser Knoten hervorragend dazu, ein Taljereep am Henkel eines Eimers oder ähnlichem zu befestigen.

24

Holzfällerknoten

Ein schnell und leicht zu bindender provisorischer Knoten, den man eher zum Ziehen einer Planke oder einer Spiere und weniger zum Heben solcher Lasten verwenden sollte.

Obwohl dieser Knoten nicht slippt, wenn er unter einem gleichmäßigen Zug steht, gibt es zum Anheben von Lasten doch sicherere Knoten.

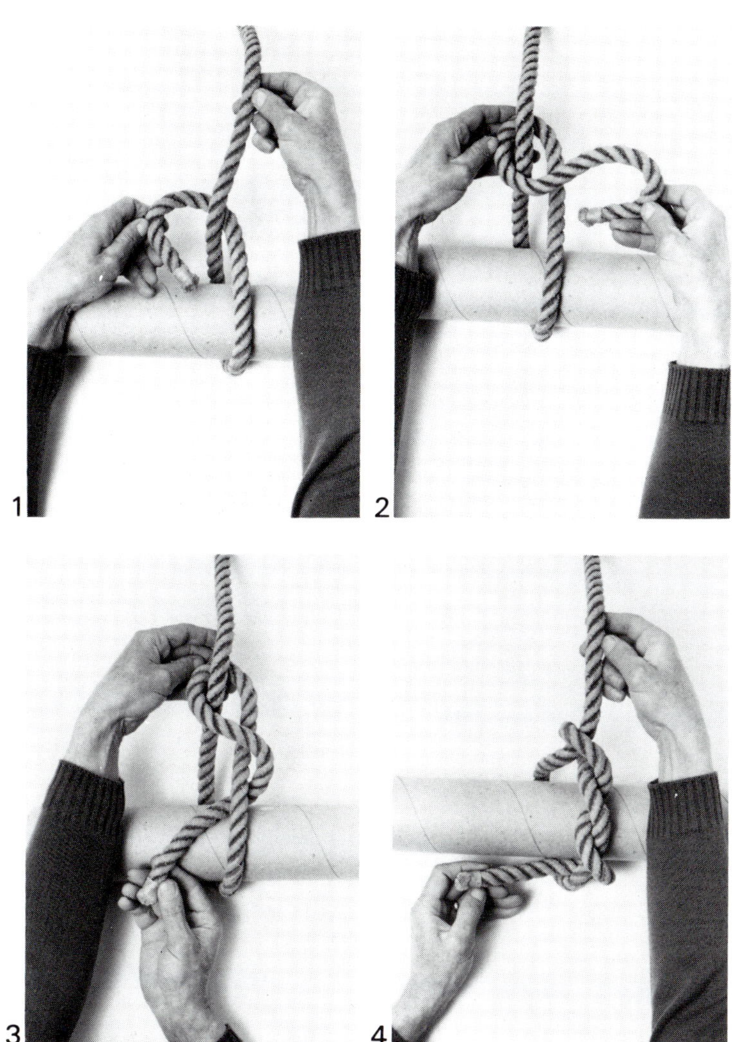

1 2 3 4

25 Katzenpfote

Das ist die wirkungsvollste Methode, um die Bucht eines Seils oder eine Schlinge an einem Haken zu befestigen, vorausgesetzt, daß beide stehende Parten unter Zug stehen. Dieser Knoten verhindert, daß der Haken am Tau abgleitet, und stellt dadurch sicher, daß die Last, etwa eine Spiere, horizontal angehoben wird. Andererseits kann die Last auch in einem bestimmten Winkel angehoben werden, indem man die Katzenpfote an der richtigen Stelle im Verhältnis zur Länge der Schlinge anbringt.

26

Hakenschlag

Dies ist eine schnelle und wirkungsvolle Methode, um das Ende eines Seils an einem Haken zu befestigen, vorausgesetzt, daß ein gleichbleibender Zug ausgeübt wird. Der Knoten wird mit Beginn der Belastung in Stellung gehalten (Abbildungen 1 und 2).

Äußerer Hakenschlag

Dies ist eine Abwandlung des Hakenschlages und wird für den gleichen Zweck verwendet. Wenn man mit einem glatten, rutschigen Tau arbeitet, ist dieser Knoten etwas sicherer (Abbildungen 3 und 4).

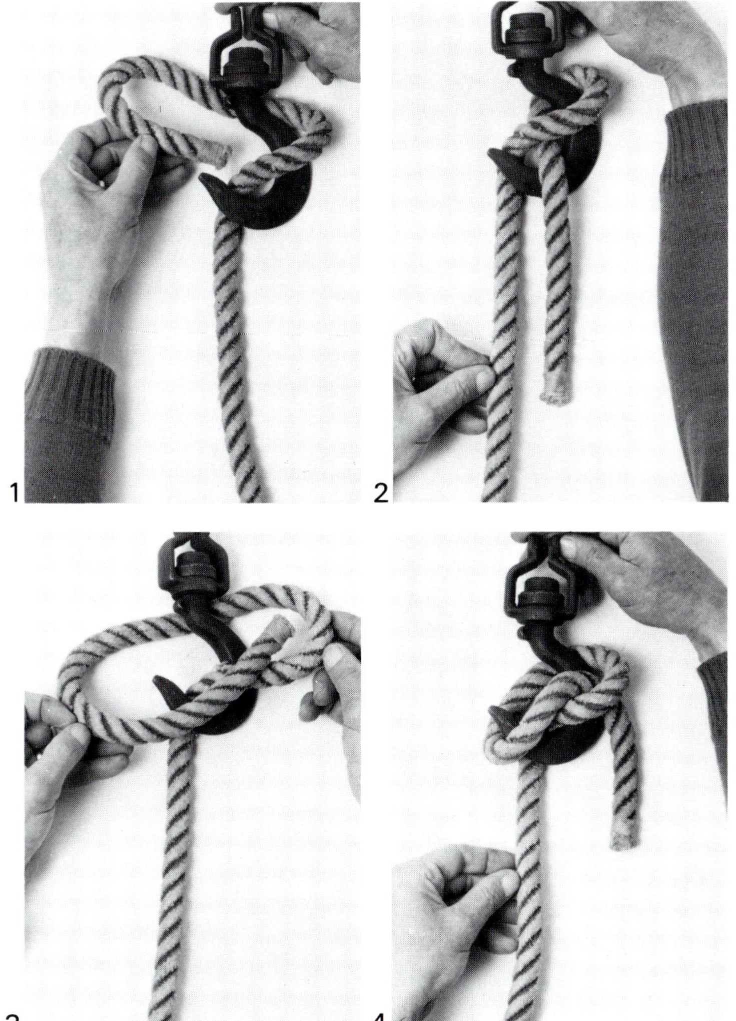

1 2 3 4

27

Konstriktorknoten

Dies ist ein sehr nützlicher Arbeitsknoten. Wenn man ihn dichtholt, sitzt er vollkommen fest. Dadurch eignet er sich besonders als schnelle Lasching um einige Stangen oder ähnliches.

In den Abbildungen auf den beiden Seiten wird dieser Knoten als einfacher, provisorischer Takling dargestellt, mit dem man Zeit, Mühe und Takelgarn spart.

1

2

3

28

Fuhrmannsstek

Dieser Stek wird häufig zur Befestigung von Lasten verwendet. Die Bezeichnung und der Verwendungszweck weist schon darauf hin, daß dieser Stek eine Verbindung von Knoten und Talje ist. Er wird schon seit vielen Jahren verwendet. Die Talje gleicht dem Spanischen Takling (ohne Blöcke). Sie hat den mechanischen Vorteil, daß man die stehende Part wirklich dicht auftaljen kann.

Die Bucht auf der linken Seite (Abbildung 7) ist normalerweise an einer Klampe befestigt. Das rechte Ende stellt die holende Part dar. Es besteht aus einem halben Trompetenstek (Abbildung 1 mit 3), wobei die Bucht mehrmals gedreht wird (Abbildungen 4 und 5), bevor die Bucht der holenden Part durchgesteckt wird (Abbildung 6) und dann dichtgeholt werden kann (Abbildung 7).

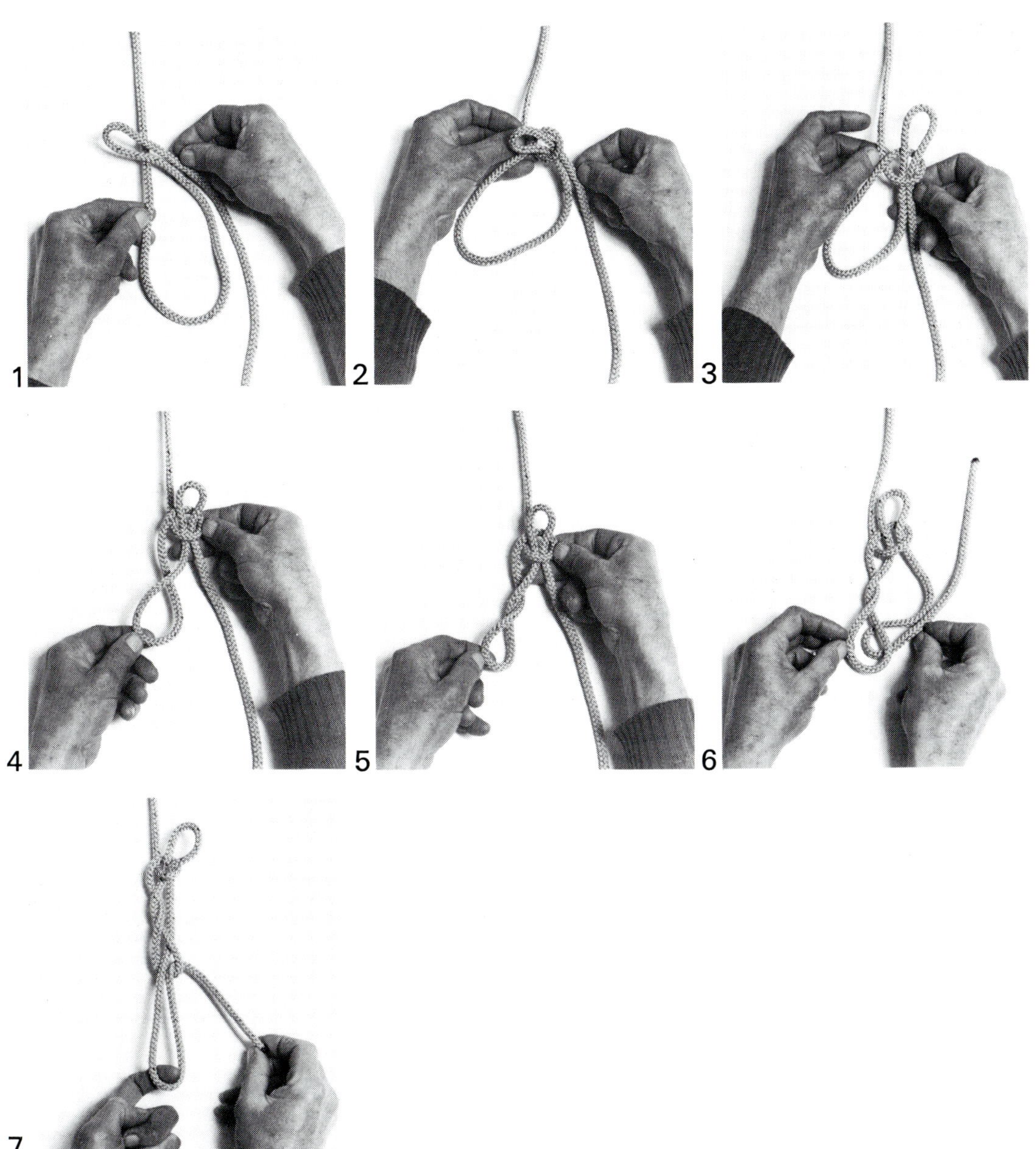
1
2
3
4
5
6
7

29

Hievleinenknoten

Wie der Name schon sagt, dient diese Schlinge dazu, um eine Hievleine an einem Kabeltau zu befestigen. Dieser Knoten kann schnell und leicht geknüpft werden und bekneift sich nicht. Er kann vor allem dann leicht gelöst werden, wenn die Hievleine mit einer Affenfaust abgeschlossen wurde.

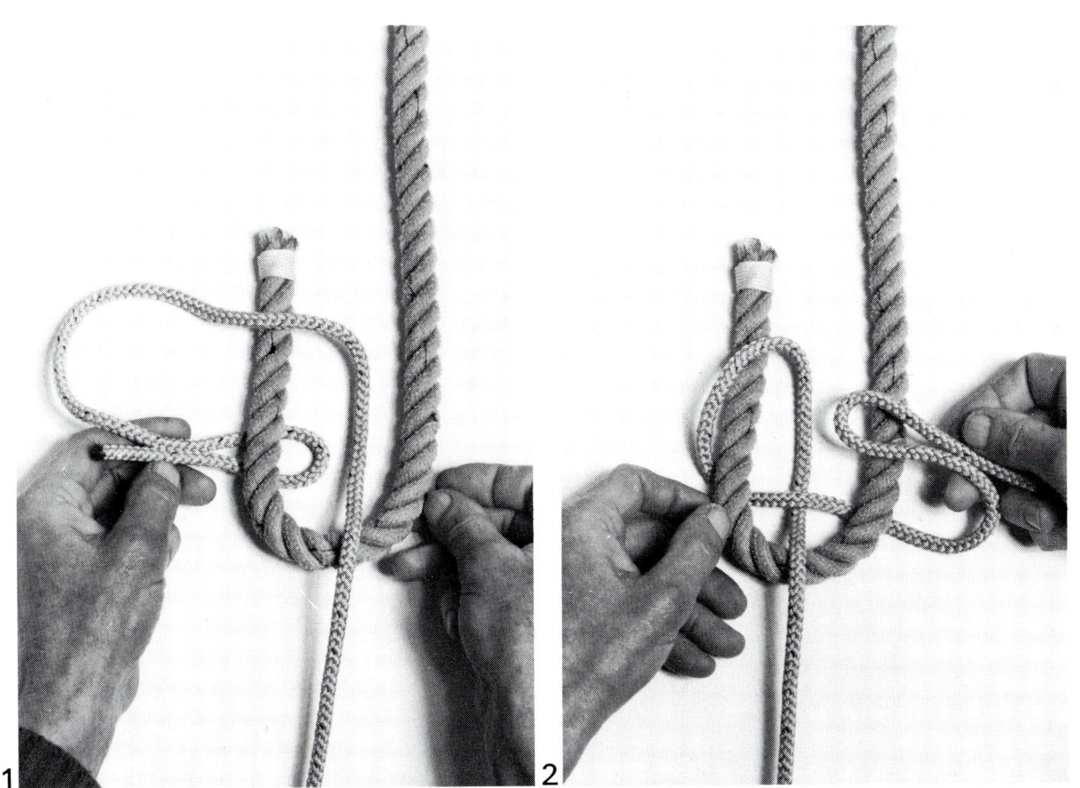
1 2

3

30

Zugknoten

Dies ist ein anerkannter und sehr wirkungsvoller Knoten, der aber Gefahren birgt, wenn ihn Laien als Rettungsleine benutzen.

Die Abbildungen zeigen deutlich, daß ein Ende des Seils belastet werden kann (das linke Ende in Abbildung 6), während dies beim anderen nicht möglich ist. Da die beiden Enden nebeneinander liegen, wird leicht das falsche Ende ergriffen – ein Irrtum mit fatalen Folgen.

Der Vorteil dieses Knotens liegt darin, daß man ihn leicht lösen kann, indem man an einem Ende kräftig anzieht, während die stehende Part belastet werden kann. Mit einem kurzen Ende kann er zum Slippen einer Last verwendet werden. Doch der Knoten wird meist mit der Feuerwehr in Verbindung gebracht, für die er zwei Vorteile hat: Er fixiert die Rettungsleine; darüber hinaus kann ein mit diesem Knoten befestigtes Seil gelöst und wieder verwendet werden. Wenn das Gebäude höher ist als eine Seilhälfte, wird der Vorgang von einem erreichbaren Stockwerk zum nächsten wiederholt, bis der Seilbenutzer den Boden erreicht. In diesem Fall wird der Stek mit der Bucht in der Mitte des Seils und dem herabhängenden Ende gebildet. Der Seilbenutzer gleitet die stehende Part herab und holt das Seil zu sich, indem er am anderen Ende anzieht. Man könnte ihn deshalb auch Einbrecherknoten nennen.

Anmerkung

Die Gefahr, das falsche Seilende zu ergreifen, kann nicht genug hervorgehoben werden. Dies gilt nicht nur für Amateure, sondern auch für »Profis«. Immer wieder stürzen auch trainierte und fachkundige Leute auf Grund eines solchen Versehens zu Tode.

1
2
3
4
5
6

31

Notmastknoten

Wie der Name schon sagt, wird dieser Knoten als Hilfsmittel bei der Notfalltakelage eines Masts benutzt. Der Mittelteil des Knotens wird über die Mastspitze gelegt, und die beiden stehenden Parten bilden das Backstag. Das Fockstag und die Wanten werden an den drei übrigen Buchten befestigt. Je größer der Zug durch die Takelage ist, desto besser wirkt der Knoten.

Der Knoten wird in der Mitte eines Seils gemacht, das lang genug ist, um das Backstag zu bilden. Meist ist es sinnvoll, die zweite Bucht etwas größer zu machen als die erste und die dritte. Den relativen Positionen der drei Buchten muß beim Verflechten besondere Aufmerksamkeit geschenkt werden. Der Knoten bildet sich dann fast von selbst.

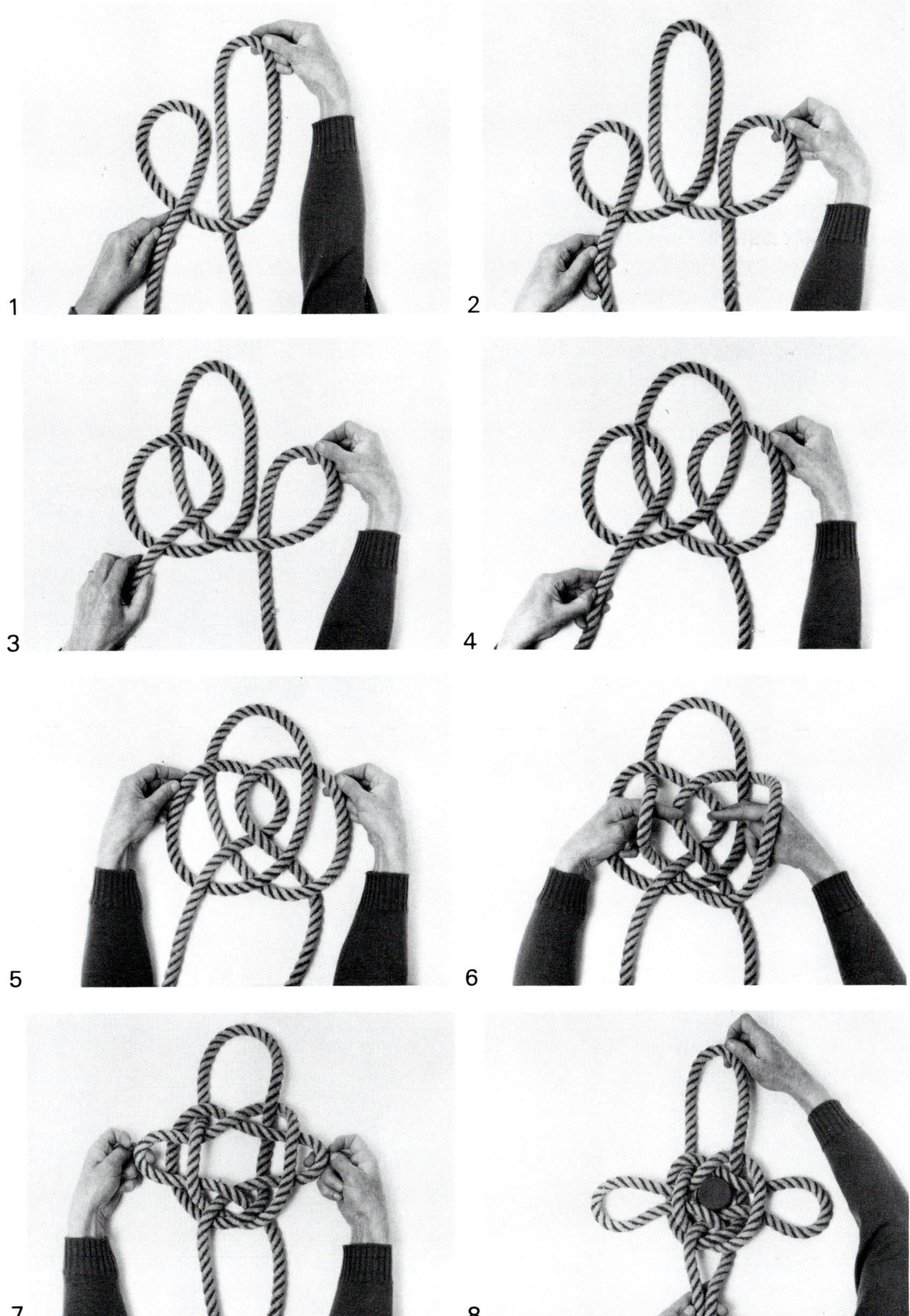
1
2
3
4
5
6
7
8

32

Strickleiterknoten

Der »Strickleiterknoten« ist eigentlich die Sprosse einer echten Strickleiter im Gegensatz zu einer Pilotenleiter, die aus Strickseiten und Holzsprossen besteht. Die Strickleiter ist besonders für kleine Boote geeignet, weil sie wenig Stauraum in Anspruch nimmt.

Sie kann entweder aus zwei gleichen Tauen gemacht werden, deren obere Enden dann an einer geeigneten Stelle befestigt werden, oder – wie in den Abbildungen dargestellt – an der Bucht eines Seils mit einem Auge.

Die Illustrationen beginnen mit der fertigen Spitze und der ersten Sprosse der Strickleiter und zeigen dann die Bildung der zweiten Sprosse. Der Vorgang wird so lange fortgesetzt, bis die erforderliche Sprossenzahl erreicht ist. Die S-Form wird abwechselnd auf jeder Seite des Seils ausgelegt, um die Symmetrie der Leiter sicherzustellen.

Die Länge der Sprosse und die Zahl der verwendeten Törns ist eigentlich beliebig und hängt auch von der Länge des Taus ab. Die Sprossen sollten etwas breiter sein als der menschliche Fuß. Wenn die Sprossen breiter als notwendig sind, hängen sie übermäßig durch.

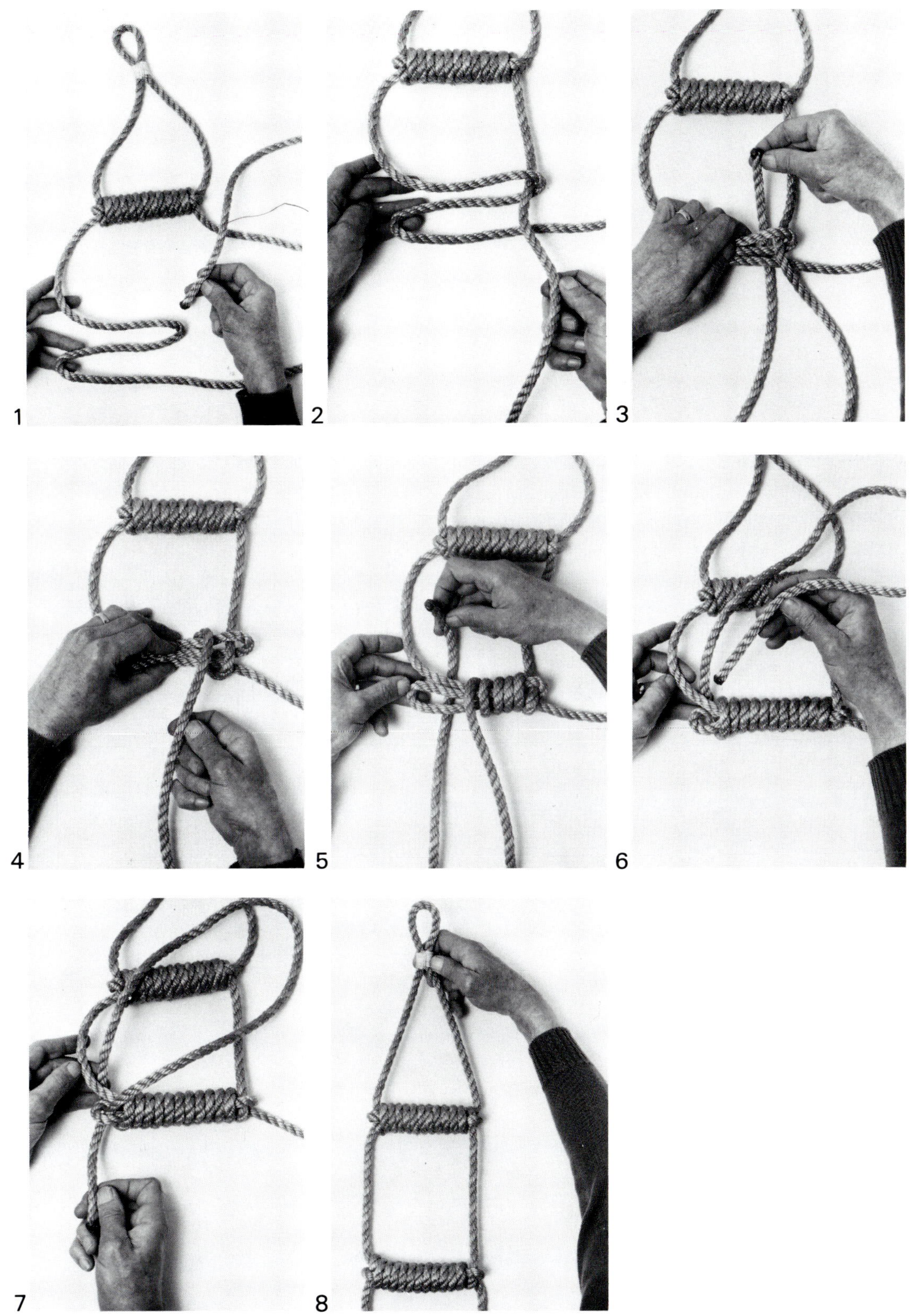
1
2
3
4
5
6
7
8

33

Stelling- oder Gerüststek

Der einzige Zweck dieses Knotens, der an beiden Seiten einer Holzplanke gebunden wird, ist das Abstützen der Planke oder Stelling, wie sie bei dieser Verwendung eigentlich heißt. Die Stelling wird durch den Knoten in einer horizontalen Lage gehalten und ein Drehen oder Kippen wird verhindert.

Das Horn ist das kleine Holzstück, das im rechten Winkel an der Unterseite der Stelling festgenagelt wird. Es hat eine Doppelfunktion: Zum einen verhindert es, daß der Knoten vom Ende der Stelling slippt, und zum anderen bietet die Tatsache, daß eine Seite länger ist als die andere, Platz für die Beine desjenigen, der auf der Stelling sitzend die Schiffseite bearbeitet.

Der Knoten kann auch ohne Horn gebunden werden. Wenn er aber wie in der Abbildung gezeigt geknüpft wird, erfolgt der erste vollständige Törn auf der Innenseite des Horns und der zweite auf der Außenseite, wobei das Seil das Horn auf der Unterseite kreuzt. Der erste Törn wird dann über den zweiten gehoben, und seine Bucht wird über das lange Ende des Horns gelegt. Dadurch kreuzen zwei Seilteile die Unterseite des Horns diagonal.

Der ursprünglich zweite Törn wird dann vollständig über den ersten und dritten Törn gehoben und seine Bucht wird nach unten über das Ende der Stelling gelegt, wobei die entstehenden Buchten an jedem Ende der Stelling angezogen werden. Auf diese Weise kann das Horn auch ohne Nägel wirkungsvoll an der Stelling befestigt werden.

Das Ganze kann am Ende eines Seils gebildet werden, wobei der Tampen so lang sein sollte, daß man ihn mit einem Palstek an der stehenden Part oberhalb der Stelling befestigen kann (Abbildung 8). Noch besser ist es, wenn der Knoten über der Bucht eines Seils gemacht wird, wodurch zwei stehende Parten entstehen, die individuell ausgerichtet werden können, um die Stelling gerade zu halten, wenn sie oben befestigt wird.

Für die Abbildungen wurde aus Gründen der Zweckmäßigkeit eine Miniaturstelling und ein kleines Tau verwendet. In der Praxis entspricht die Größe der Stelling ihrer Last und Spanne.

1

2

3

4

5

6

7

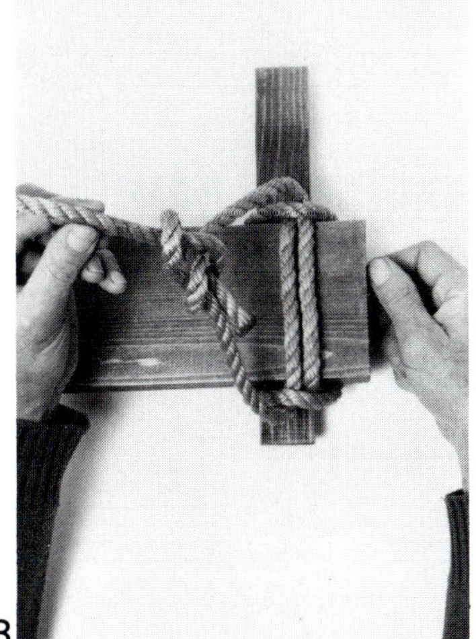
8

34

Lastkahnknoten

Auch dieser Stek ist eine schnelle und einfache Methode, um am Ende eines Seils ein temporäres Auge zu binden. Der Knoten ist nur vollkommen stabil, wenn er unter ständigem Zug steht; anderenfalls ist er nicht empfehlenswert.

Der Mangel an Stabilität kann dadurch ausgeglichen werden, daß der Tampen zur stehenden Part genommen wird. Doch dann ist der Knoten nicht mehr so leicht und schnell zu knüpfen. Am einfachsten ist es, die Anfangsbewegungen wie beim Palstek auszuführen und den Vorgang entlang der stehenden Part zu wiederholen.

Der Palstek ist unter Nummer 17, Seite 34 aufgeführt.

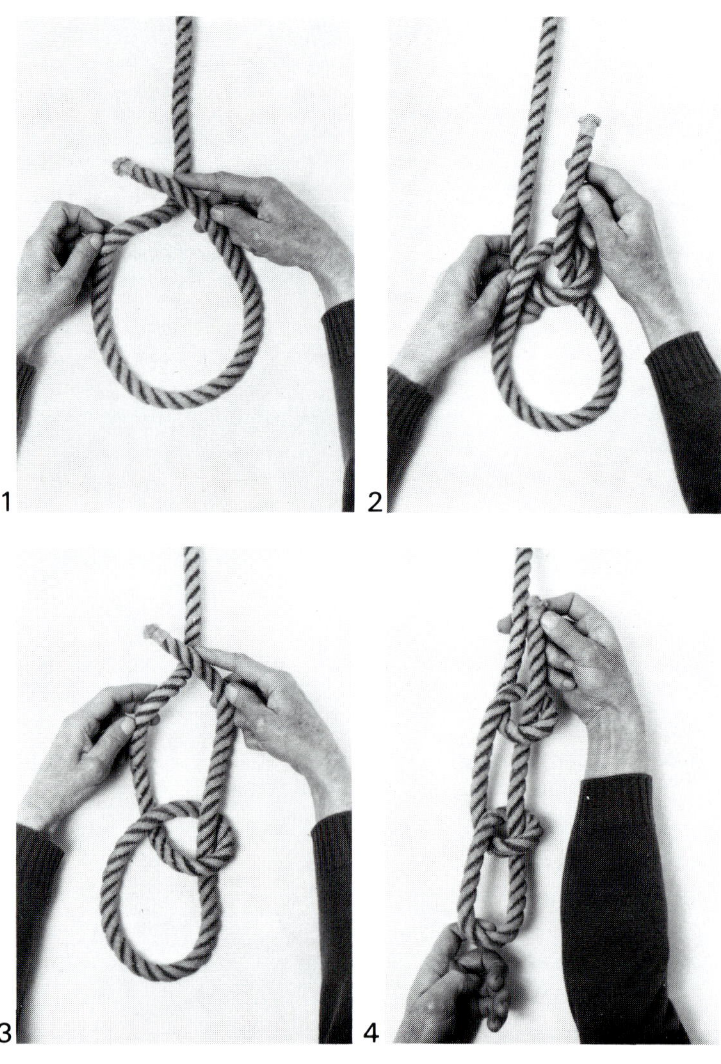

35

Vierkantknoten

Zu diesem Knoten läßt sich nicht viel sagen. Außer als Schlinge oder ähnliches sind seine Anwendungsmöglichkeiten beschränkt. Er bildet vier stehende Parten, die sich nicht lösen.

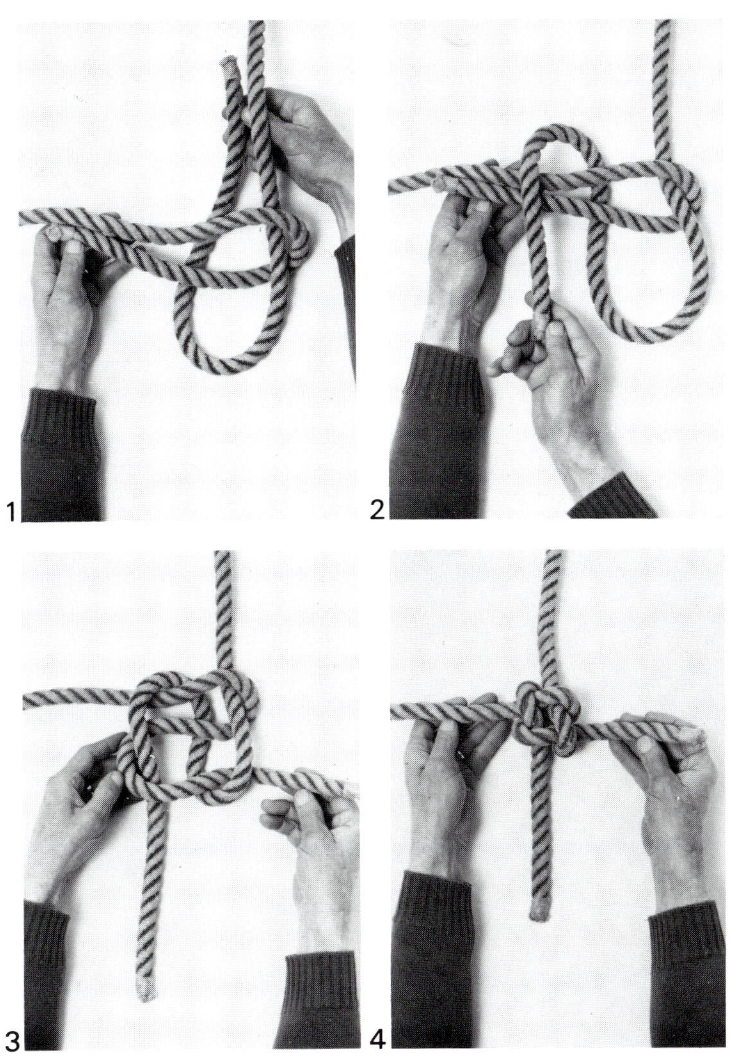

36

Affenfaust

Diesen Knoten macht man am Ende einer Hievleine. Eine Metallkugel oder ein anderes Gewicht wird in das Geflecht eingesetzt, um der Leine Tragkraft zu geben.

An der Leine werden neun Handdrehungen abgemessen. Der Knoten wird dann rückwärts in Richtung Endstück gelegt. Das Gewicht kann vor den letzten drei Törns angebracht werden. Anschließend wird dichtgeholt und der Knoten in Form gebracht. Das Endstück wird abgeschnitten und festgesteckt.

Da eine Hievleine großem Verschleiß unterworfen ist, kann man auch aus feinerem Tauwerk eine separate Faust mit einem hervorstehenden Auge herstellen. Die Hievleine kann dann an dem Auge befestigt werden. Auf diese Weise kann die Faust auch mit einer neuen Leine verwendet werden. Dazu wird zuerst ein Augspleiß am Ende der Leine ausgelegt, und der Spleiß wird dann in die ersten Törns gesteckt.

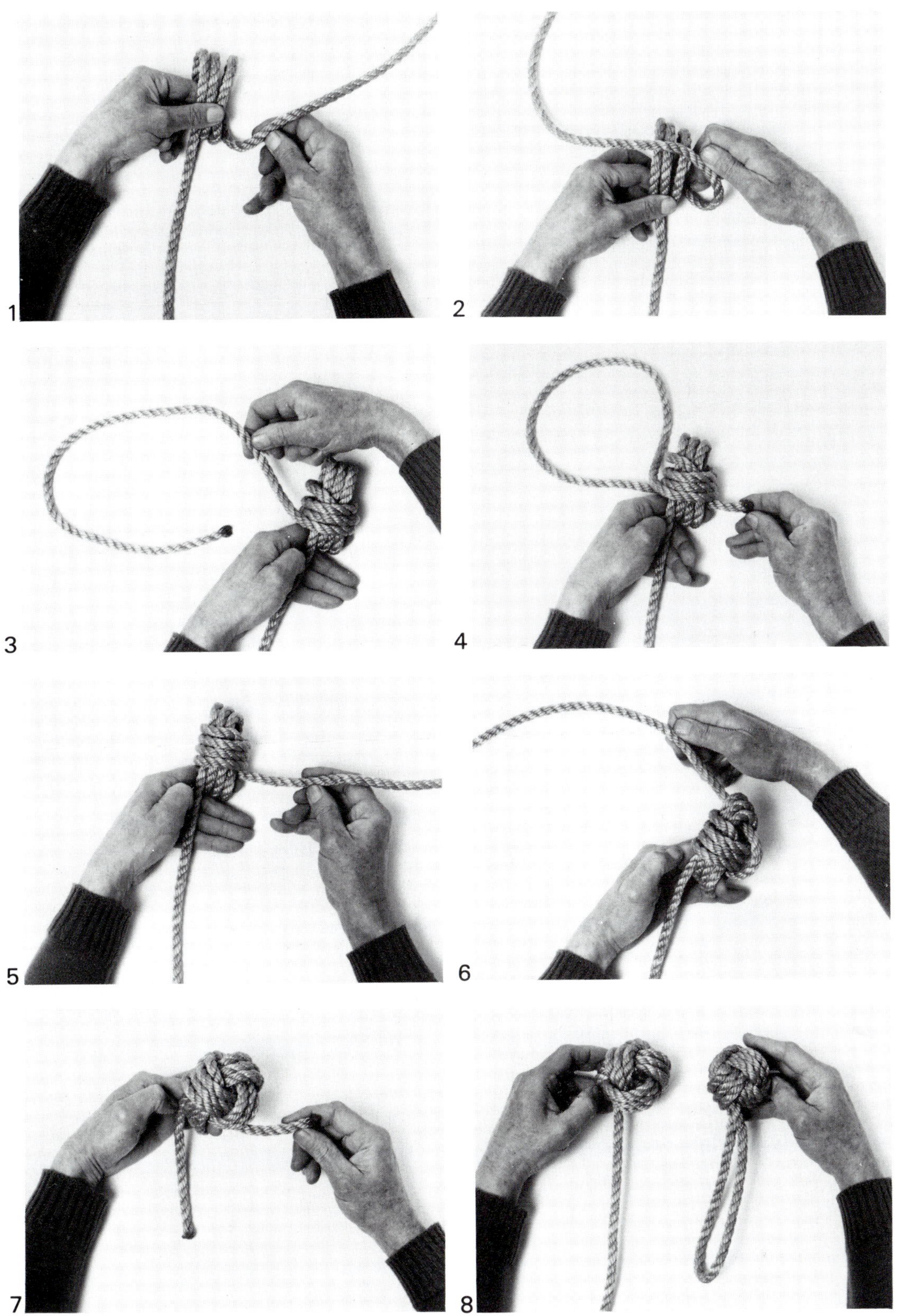
1
2
3
4
5
6
7
8

Tauspleiße

37

Augspleiß

Zuerst werden die Kardeele so weit wie nötig aufgeschlagen und mit einem Takling versehen. Es ist wichtig, sie – wie in Abbildung 1 gezeigt – sorgfältig auszulegen. Das Mittelkardeel muß oben liegen, das linke muß durch das Seil gesteckt werden und das verbleibende Kardeel muß rechts von der Mitte liegen.

Das Mittelkardeel (im folgenden und in der Abbildung mit B bezeichnet) wird immer zuerst gesteckt. Es wird gegen den Schlag unter irgendein Kardeel der stehenden Part gesteckt. Ausschlaggebend ist lediglich die erforderliche Größe des Auges (Abbildung 1).

Das linke Kardeel (A) wird immer als nächstes gesteckt und links von B über das Kardeel geführt, durch das B gesteckt wurde, und dann durch das Nachbarkardeel geholt (Abbildung 2) und festgezogen (Abbildung 3). Dann wird das Ganze umgedreht; in Abbildung 4 sieht man den Spleiß von hinten, wobei das verbleibende Kardeel C links liegt. Es ist wichtig, daß das Kardeel C nach rechts geführt wird, bevor es nach links unter dem einen verbleibenden Kardeel der stehenden Part durchgesteckt wird (Abbildung 5).

Abbildung 6 zeigt den festgezogenen Spleiß. Damit ist der erste vollkommene Durchstich abgeschlossen, und zwischen jedem Kardeelpaar sollte ein Ende herausragen. Der Vorgang wird dreimal gegen den Schlag wiederholt (Abbildung 7). Dann ist der Spleiß praktisch fertig, und die Enden können abgeschnitten werden. Man sollte aber ein kleines Stück stehenlassen, um den Zug des Spleißes auszugleichen. Man kann die Enden auch etwas länger lassen, halbieren und die halben Kardeele mit ihren Gegenstücken des Nachbarkardeels betakeln. Dies verhindert den Zug des Spleißes.

Am ordentlichsten sieht es aus, wenn der Spleiß verjüngt wird (siehe Abbildung). Die Kardeele werden halbiert und eine Hälfte des Kardeels wird relativ nah am dritten Durchstich abgeschnitten. Danach werden die verbleibenden Halbkardeele wie gehabt noch dreimal durchgesteckt. Abbildung 8 zeigt den fertigen Spleiß.

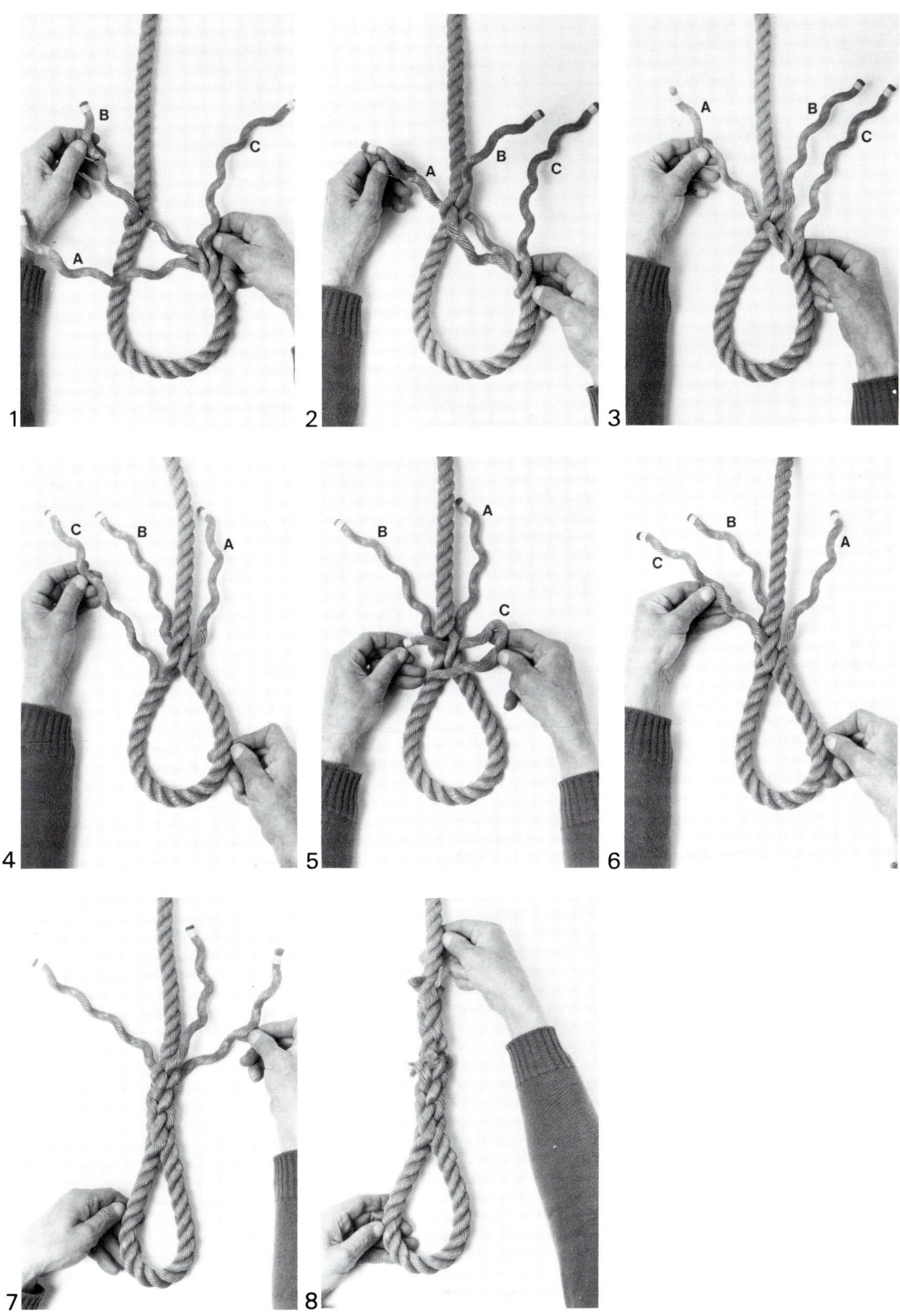
1
B
C
A
2
A
B
C
3
A
B
C
4
C
B
A
5
B
A
C
6
C
B
A
7
8

38

Augspleiß der Kahnführer

Kahnführer mögen es nicht übelnehmen, wenn sie mit diesem recht unseemännischer Notbehelf in Verbindung gebracht werden. Aber dieser Spleiß ist doch eine wirkungsvolle Methode, um am Ende eines Seils ein Auge zu bilden.

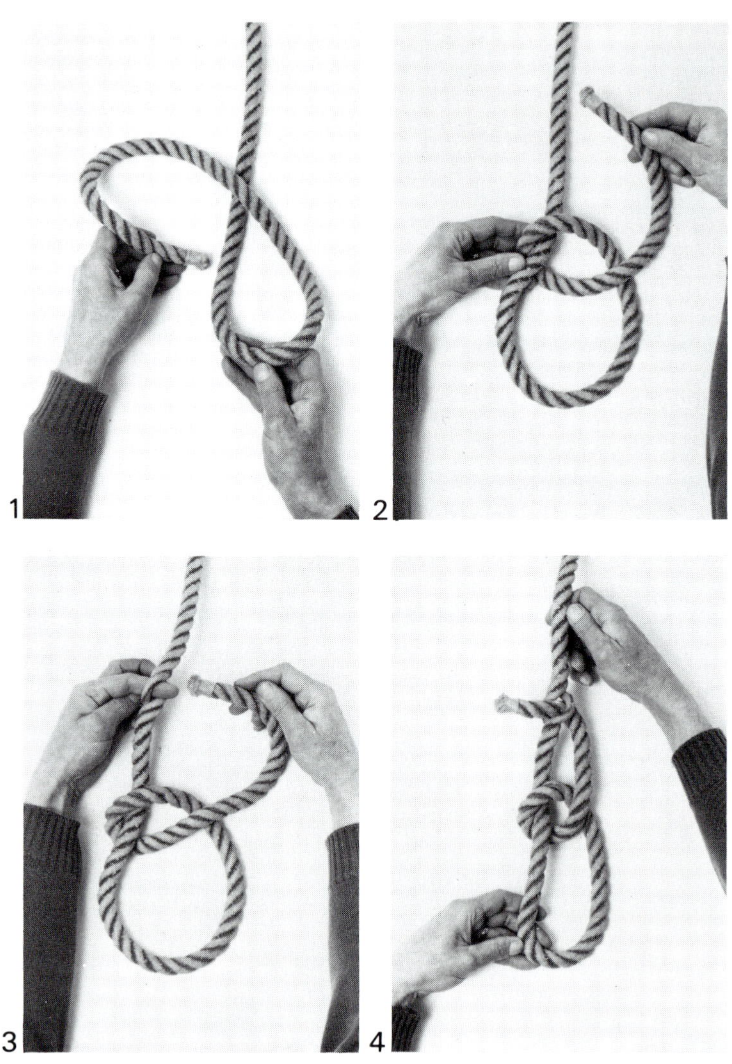

39

Cutspleiß

Der Cutspleiß, auch Buchtspleiß genannt, besteht im Grunde aus zwei Augspleißen, die von den Enden zweier Taue durch die entsprechende stehende Part des anderen gebildet werden. Der Abstand zwischen den Spleißen bestimmt die Länge des Cuts.

Die Kardeele werden aufgeschlagen und betakelt. Dann werden die Tampen, wie in Abbildung 1 gezeigt, angelegt und die erforderliche Länge des Spleißes bestimmt.

Das Durchstecken erfolgt wie beim Augspleiß (siehe Nummer 37, Seite 68). Abbildung 2 zeigt, wie der Spleiß aussieht, nachdem der linke Tampen durch die rechte stehende Part gesteckt wurde. Danach folgen noch zwei vollständige Durchstiche, und der rechte Spleiß wird, wie in Abbildung 3 dargestellt, abgeschlossen. Der Vorgang wird wiederholt, wobei der rechte Tampen mit der linken stehenden Part verspleißt wird. Abbildung 4 zeigt den fertigen Cutspleiß. Die Enden wurden hier absichtlich lang gelassen, um ihre Position zu zeigen. Sie können nun auf eine der drei Arten, die beim Augspleiß beschrieben wurden, abgeschlossen werden.

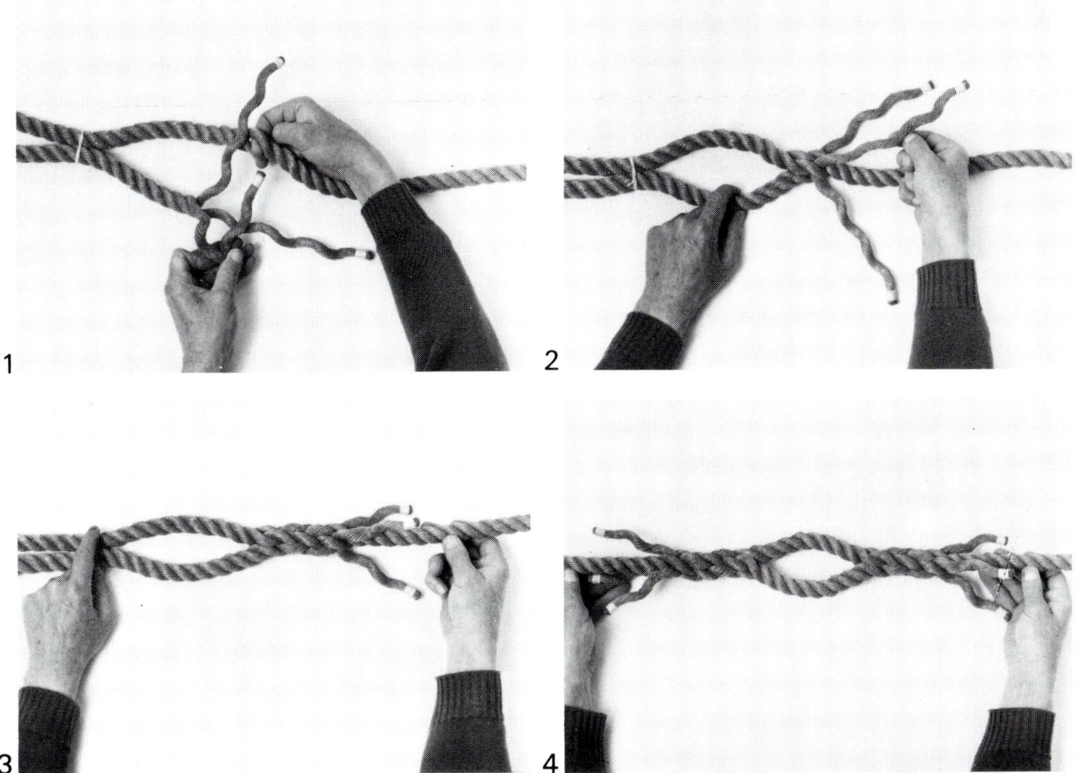

1 2 3 4

40

Kurzspleiß

Dies ist eine Methode, um zwei Seile auf Dauer zu verknüpfen, vorausgesetzt, daß der Spleiß nicht über einen Block läuft.

Die Kardeele, die lang genug für drei Durchstiche sein müssen (etwa viermal Seilumfang), werden an den Enden beider Seile aufgeschlagen und betakelt. Dann werden die Kardeele ausgelegt (siehe Abbildung 1) und dicht zusammengeschoben (Abbildung 2). Diese Stelle bildet den Mittelpunkt des Spleißes.

Die Enden des rechten Seils werden am besten mit der linken stehenden Part mit einem Behelfstakling verbunden. Dann werden die drei verbleibenden Kardeele »über-unter« gegen den Schlag durch die stehende Part des rechten Seils gesteckt. Der erste vollständige Durchstich ist aus Abbildung 3 ersichtlich. Der Vorgang wird dreimal wiederholt (Abbildung 4).

Dann wird der Behelfstakling entfernt und der Vorgang links der Mitte wiederholt. Die Enden des rechten Seils werden durch die stehende Part des linken gesteckt. Abbildung 5 zeigt den fertigen Spleiß.

In der Abbildung wurden die Enden lang gelassen, um ihre relative Position zu zeigen. In der Praxis werden sie abgeschnitten (wobei ein kleines Stück für den Zug des Spleißes stehengelassen wird) oder – wie beim Augspleiß (Nummer 37) beschrieben – abgeschlossen, d.h. halbiert und betakelt oder verjüngt.

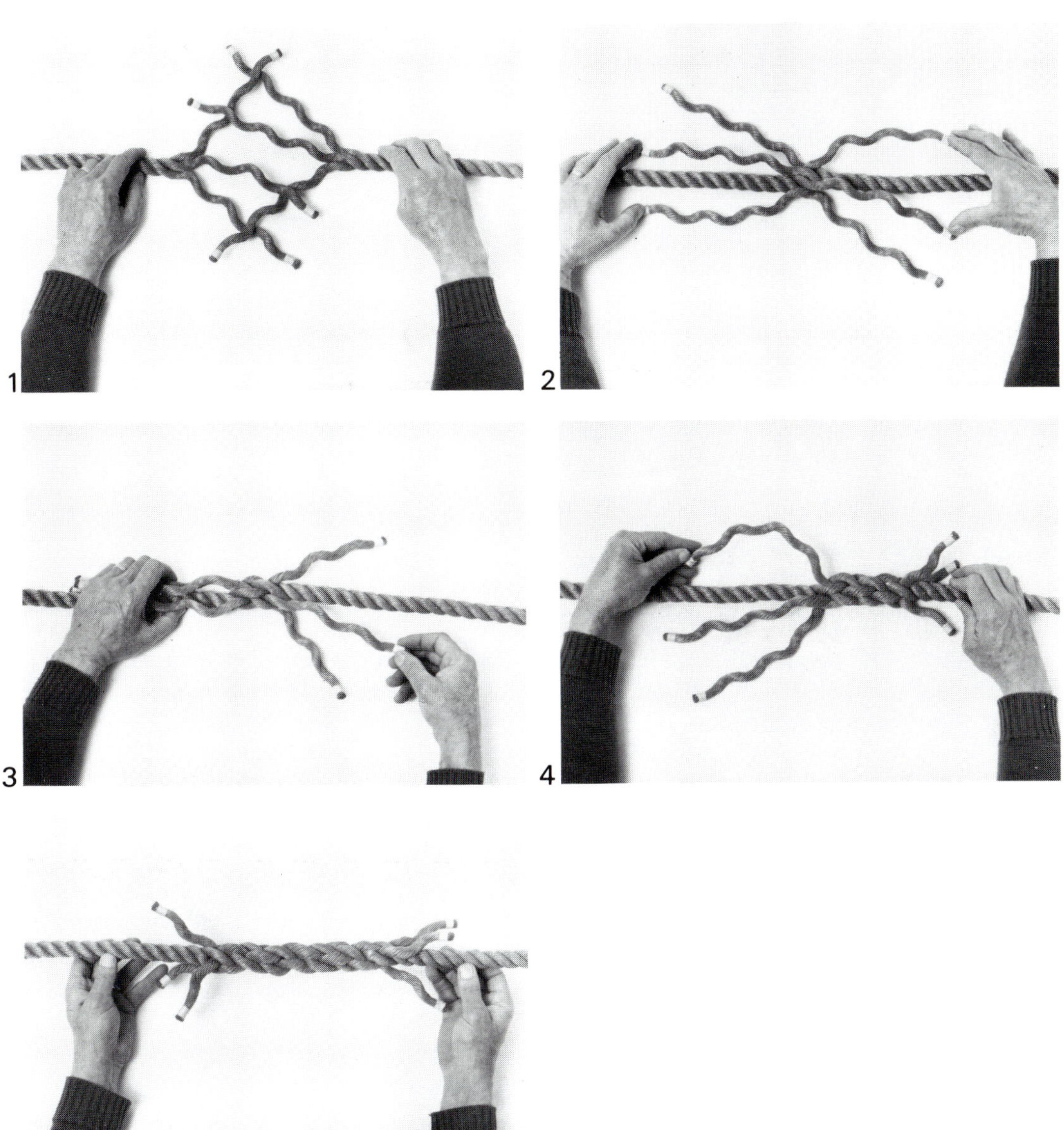
1
2
3
4
5

41

Langspleiß

Mit einem Langspleiß werden zwei Seile so verbunden, daß sich der Umfang des Seils an der Verbindungsstelle überhaupt nicht oder nur geringfügig vergrößert. Das fertige Produkt ist in Aussehen und Schlag mit dem ursprünglichen Tau identisch und kann auch über einen Block laufen. Da die Stabilität des Spleißes einzig und allein auf Reibung beruht, muß er von beträchtlicher Länge sein. Für fotografische Zwecke wurde er wesentlich kürzer dargestellt als in der Praxis. Wenngleich die später angesprochenen Spleißlängen von Bedeutung sind, gibt es doch unterschiedliche Meinungen, was die empfohlene Länge eines Langspleißes betrifft. Wir möchten hier nur sagen, daß die Stabilität mit der Länge des Spleißes zunimmt. In unserem Fall wurde der zwanzigfache Seilumfang verwendet.

Die aufgeschlagenen Enden werden wie beim Kurzspleiß (Nummer 40) ausgelegt. Aber im Unterschied zu diesem beläuft sich ihre Länge auf den fünfundzwanzigfachen Seilumfang (Abbildung 1).

Ein Kardeel des rechten Seils wird um den zwanzigfachen Seilumfang nach rechts aufgeschlagen (Abbildung 2). Sein Gegenstück aus dem linken Seil wird an seine Stelle gelegt (Abbildungen 3 und 4).

Wo das Ersatzkardeel und das aufgeschlagene Kardeel zusammentreffen, sollte das Ende des Ersatzkardeels etwa die Länge des fünffachen Seilumfangs haben. Das vorher aufgeschlagene Kardeel wird auf die gleiche Länge abgeschnitten.

Der Vorgang wird auf der linken Seite wiederholt. Ein Kardeel des rechten Seils ersetzt sein Gegenstück im linken Seil (Abbildung 6). Das Ende des aufgeschlagenen Kardeels wird wie oben beschrieben abgeschnitten. Damit verbleiben in der Mitte zwei unberührte Kardeele (Abbildung 6), die auf die gleiche Länge abgeschnitten werden wie die anderen Endenpaare. Wenn die Ersatzkardeele eingelegt werden, ist es wichtig das Kardeel mit jedem Törn des Schlages zu drehen.

Der Spleiß wird nun unter Zug gesetzt und gereckt. Dann werden die drei Endenpaare festgesteckt. Dieser Vorgang wurde nicht abgebildet, da hier verschiedene Methoden Anwendung finden können:

1. Jedes Kardeel wird gedrittelt, und jedes Kardeeldrittel wird mit seinem Gegenstück durch einen Überhandknoten verknüpft. Dann wird das Ganze in den Schlag gelegt, und jedes der drei Enden wird durch ein Kardeel der stehenden Part gesteckt.

2. Die Drittel werden mit dem Schlag durch die drei Kardeele der stehenden Part gesteckt und verjüngt.

3. Ein Überhandknoten wird aus den vollständigen Kardeelen geknüpft, die verjüngt und mit dem Schlag in ihre entsprechenden Gegenkardeele gesteckt werden.

4. Ein Überhandknoten wird aus den vollständigen Kardeelen geknüpft, die dann halbiert und mit dem Schlag durch die zwei Nachbarkardeele der stehenden Part gesteckt werden.

5. Man verzichtet bei den letzten beiden Versionen auf den Überhandknoten.

1
2
3
4
5
6

42

Rückspleiß

Er soll ein Aufdröseln der Tampe verhindern. Wenngleich nicht so elegant und ordentlich wie der Takling, erfüllt der Rückspleiß doch seinen Zweck. Wenn die Taue einer starken Beanspruchung ausgesetzt sind, ist der Rückspleiß dem Takling vorzuziehen, da sich letzterer im Laufe der Zeit löst.

Die Kardeele werden aufgeschlagen und die Tampen mit einem Takling versehen. Dann wird am Ende des Seils ein Kronenknoten (siehe Nummer 57, Seite 108) geknüpft. Jedes Kardeel wird nacheinander gegen den Schlag »über-unter« durchgesteckt. Abbildung 5 zeigt das Ergebnis des ersten vollständigen Durchstichs. Dieser Vorgang wird noch zweimal wiederholt. Dann werden die Enden gekürzt.

Wie der Augspleiß kann der Rückspleiß durch Halbieren der Kardeele und drei weitere Durchstiche verjüngt werden, wodurch er dann besser aussieht.

43

Augspleiß in der Taumitte

Bei diesem Spleiß zwingt man das Seil absichtlich gegen den Schlag, indem man es in entgegensetzte Richtungen dreht. Sobald der Schlag die in Abbildung 1 gezeigte Lage angenommen hat, läuft das Tau gut und bildet drei geschlagene, zweikardeelige Buchten aus (Abbildung 2).

Mit der stehenden Part formt man eine Bucht in der Größe des gewünschten Auges (Abbildung 3). Die geschlagenen Buchten werden als Tampen benutzt, um einen gewöhnlichen Augspleiß (siehe Nummer 37, Seite 68) zu bilden. Abbildung 4 zeigt das Ergebnis nach dem ersten vollständigen Durchstich.

Mindestens zwei weitere Male werden die Kardeele »über-unter« gegen den Schlag durchgesteckt. Der fertige Spleiß ist in Abbildung 5 dargestellt.

Hier soll angemerkt sein, daß sich die zweikardeeligen, geschlagenen Buchten bestens mit den Einzelkardeelen verbinden, durch die sie gesteckt wurden, wenn beliebige drei den Schlag des ursprünglichen Taues annehmen, während der fertige Spleiß einem neunkardeeligen, kabelgeschlagenen Tauwerk ähnelt.

44

Flämisches Auge

Ein Kardeel wird sorgfältig aufgeschlagen und ausgelegt, wobei sich die Kardeele am Ende des gewünschten Auges kreuzen (Abbildung 1). Man muß sicherstellen, daß sich das Einzelkardeel in die leere Mulde der anderen beiden einfügt. Danach wird es solange herumgelegt, bis es den Hals des Auges erreicht (Abbildungen 2 und 3). Das Doppelkardeel wird in ähnlicher Weise durch das Auge geführt. Es wird in die leere Mulde um das Einzelkardeel gelegt, bis es ebenfalls den Hals des Auges erreicht (Abbildung 4).

Wenn die drei Kardeele wieder zusammentreffen, wird das Einzelkardeel in seine Ausgangsposition zurückgelegt. Es bildet den Tampen (Abbildungen 5 und 6), der dann zur stehenden Part dichtgeholt wird.

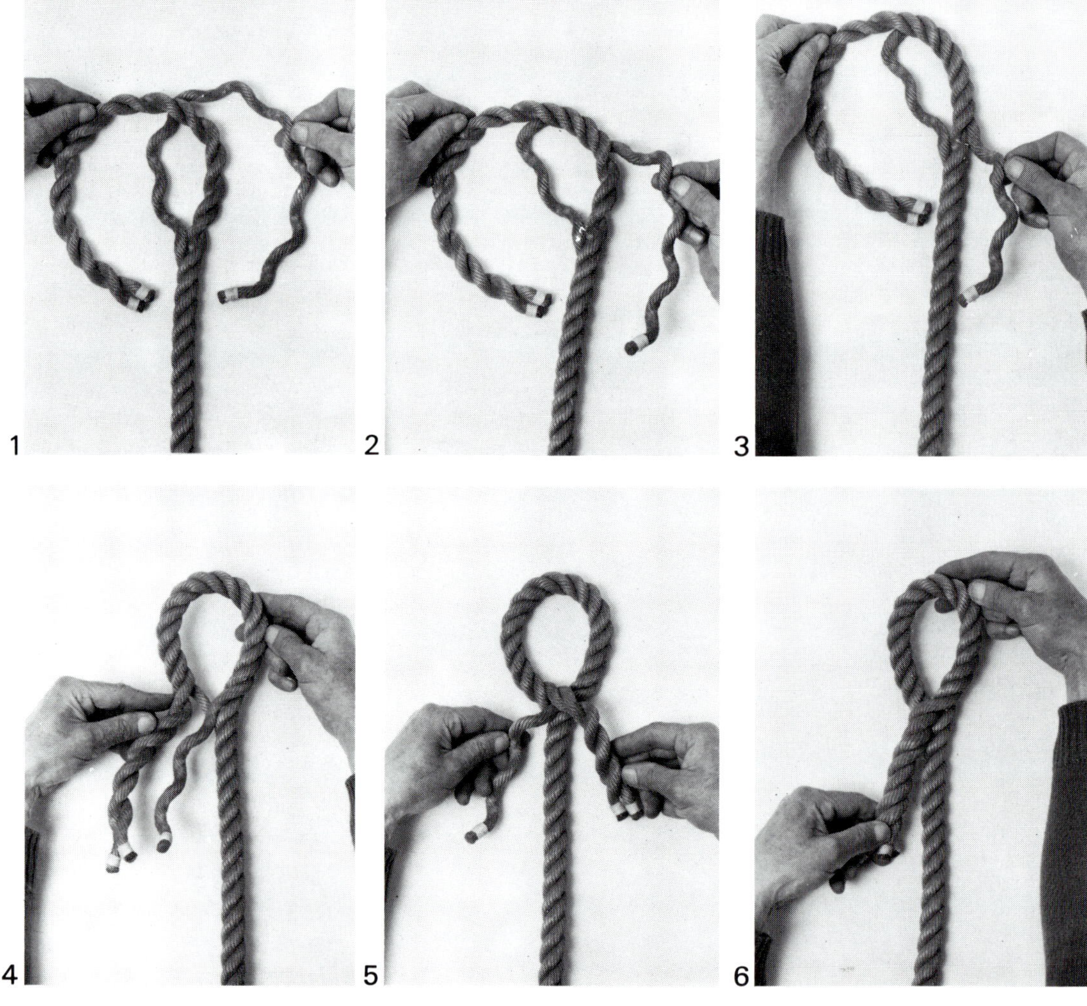

1 2 3 4 5 6

45

Augspleiß mit einem Durchstich und Wandknotenabschluß

Dies ist im Grunde ein dekorativer Augspleiß. Er kann aber auch verwendet werden, wenn das Auge nahe einem Block verläuft. Zuerst wird der erste volle Durchstich eines gewöhnlichen Augspleißes gemacht (siehe Seite 68, Abbildungen 1 mit 6). Ein Wandknoten (siehe Nummer 58, Seite 110) wird dann oberhalb des Durchstiches um die stehende Part geknüpft und dichtgeholt (Abbildung 2). Nach einem weiteren Umlauf wird das Ganze festgezogen. Die Tampen werden am fertigen Knoten kurz abgeschnitten (Abbildung 3).

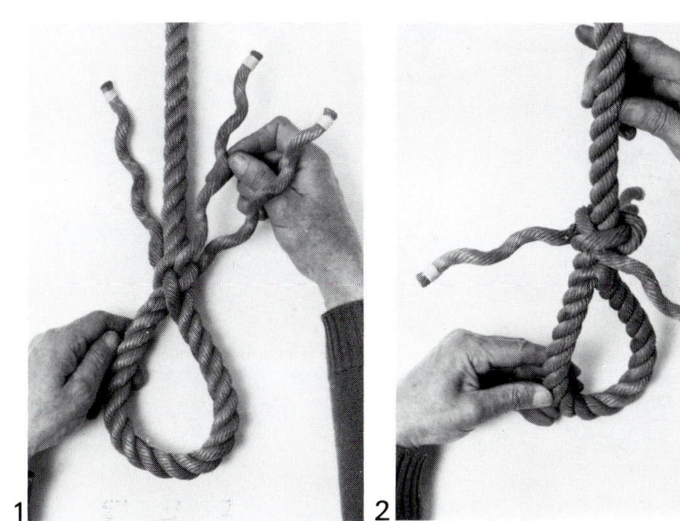

1

2

3

46

Kettenspleiß

Mit einem Kettenspleiß kann man ein Seilende mit einem kleinen Kettenglied so verbinden, daß Seil und Kette durch einen Führungsring gleiten. Das Auge des Spleißes ist sein Schwachpunkt. An dieser Stelle ist er weniger stark als die stehende Part und sicherlich schwächer als die Kette, an der er befestigt ist. Der Kettenspleiß wird meistens mit einer Muringkette verwendet, wenn die Funktion des Seiltampens lediglich darin besteht, das lose Kettenende an Bord zu ziehen.

Zwei grundlegende Methoden finden beim Kettenspleiß Verwendung: der normale Durchstich (»über-unter«) und die Langspleißmethode (das Aufschlagen eines Kardeels, wobei ein anderes Kardeel in die entstehende Mulde eingelegt wird). Zur Darstellung auf dem Foto wurde der Spleiß viel kürzer gehalten, als dies in der Praxis der Fall wäre. Aus diesem Grund sind die unten aufgeführten Längenangaben sehr wichtig.

Schlagen Sie ein Kardeel (A genannt) in der Länge des fünfundzwanzigfachen Umfanges des Seiles auf und legen Sie es zur Seite. Holen Sie die restlichen zwei Kardeele (B und C), die noch zusammenliegen, durch das Endglied der Kette (Abbildung 1). Ziehen Sie B und C durch das Glied. Legen Sie die beiden auf die stehende Part zurück, wobei sie getrennt werden. Lassen Sie soviel aufgeschlagenes Seil (zwei Kardeele) zurück, daß Sie die beiden Kardeele durch das Kettenglied durchholen und das Auge bilden können.

Schlagen Sie Kardeel A nochmals um den zwanzigfachen Seilumfang auf (Abbildung 3). Ersetzen Sie es durch Kardeel B, indem Sie letzteres auf die beim Langspleiß beschriebene Art und Weise in die leere Mulde legen, bis sich B und A (Abbildung 4) treffen. An dieser Stelle sollte der Tampen von B etwa den fünffachen Seilumfang haben. Schneiden Sie dann A auf die Länge von B ab.

Diese Tampen werden nun durchgesteckt, wobei irgendeine der Abschlußmethoden, die beim Langspleiß (siehe Nummer 41, Seite 74) beschrieben werden, Anwendung findet. Abbildung 5 zeigt dieses Stadium und das verbleibende, unbenutzte Kardeel C. Dieses wird nun auf eine Länge abgeschnitten, die für vier oder fünf Durchstiche reicht. Die Durchstiche werden dann nach der »Über-unter-Methode« gegen den Schlag entlang des Seils durchgeführt.

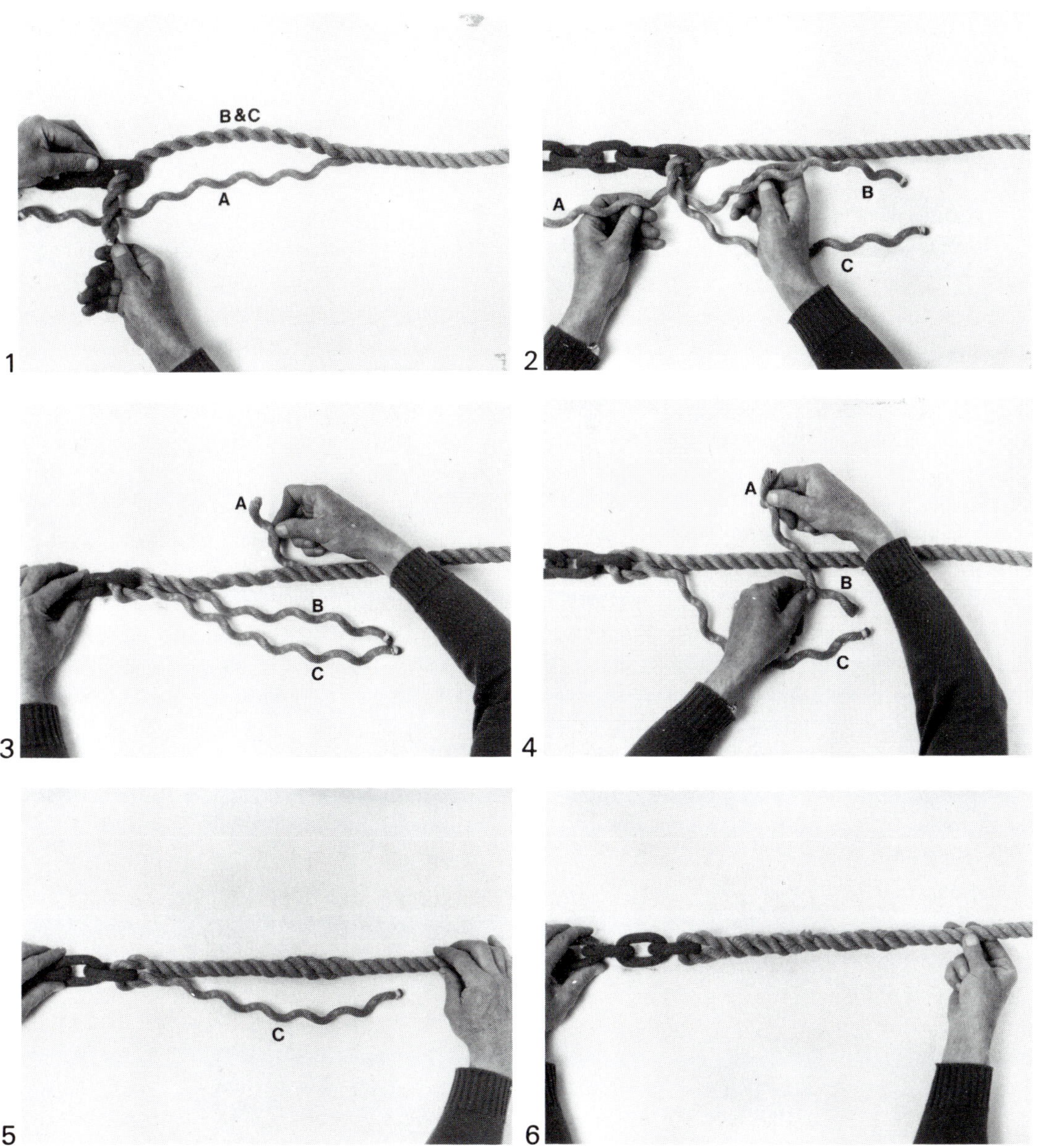
B&C
A
1
A
B
C
2
A
B
C
3
A
B
C
4
C
5
6

47

Spindelauge

Hierfür wird eine Form benötigt, die einen etwas größeren Durchmesser hat als das gewünschte Auge. Entlang dieser Form legt man einige Schnüre aus und befestigt sie provisorisch an beiden Enden. Das Seil wird betakelt. Dann schlägt man die Kardeele auf, halbiert sie und legt die beiden Teile um die Form (Abbildung 1).

Jedes Kardeelpaar wird mit einem Halbstich über der Form befestigt. Um eine übermäßige Häufung zu vermeiden, müssen die Stiche sorgfältig über die Form ausgebreitet werden (Abbildungen 2 und 3). Die Enden werden zur stehenden Part zurückgeführt, wo man sie eng betakelt. Dann werden die Schnüre gelöst und um die betakelten Kardeele verknotet (Abbildung 4).

Die Enden werden verjüngt und eng geschnürt, bevor man die Form entfernt (Abbildungen 5 und 6). Dann werden das Auge und das verjüngte Ende bekleedet (Abbildung 7). Der Abschluß kann beliebig gestaltet werden. In Abbildung 8 ist das Auge mit einem einkardeeligen Kammbändsel überzogen. Anfang und Ende des verjüngten Teils werden von einem Türkischen Bund geziert (siehe Nummer 59).

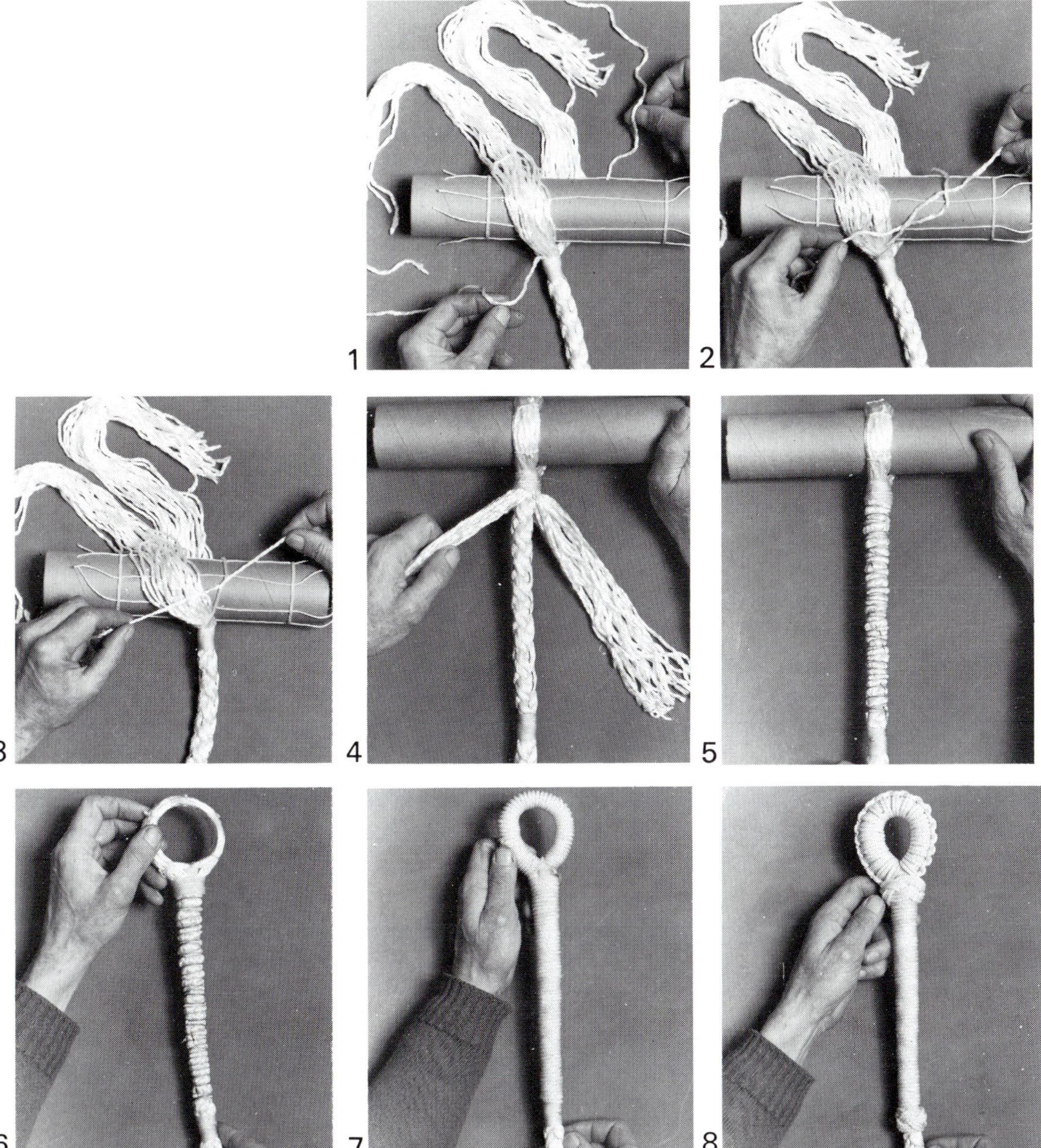
1
2
3
4
5
6
7
8

48

Verjüngung eines Tampen

Man verjüngt einen Tampen, um ein festes, spitzes Ende zu erhalten, das schnell und problemlos in einen Block einschert. Abgesehen von seiner praktischen Bedeutung hat dieser Vorgang auch noch Zierfunktion.

Ein Takling wird angebracht. Dann schlägt man das Seil auf und legt die Randkardeele zur Seite. Der Rest wird verjüngt und umwickelt. Bei der hier dargestellten Methode verwendet man ein Befestigungskardeel (ähnlich wie bei der Spanischen Platting), das wie in Abbildung 1 gezeigt befestigt wird. Bei dem dargestellten »Schlag« werden die Kardeele paarweise verarbeitet. Abbildung 2 zeigt ihre Lage zu Beginn des Vorgangs. Man nimmt mit dem Befestigungskardeel einen Törn vor. Alle nach oben gerichteten Kardeele werden nach unten und alle nach unten gerichteten Kardeele werden nach oben gelegt. Dann folgt ein weiterer Törn. Abbildung 3 zeigt mehrere Törns. Dieser Vorgang wird wiederholt (mit zunehmender Verengung werden die ungeraden Kardeele fallengelassen), bis die Spitze überzogen ist. Dann werden die Enden entweder betakelt, oder man knüpft einen Halbstek um die Befestigung und schließt das Ganze mit einem Türkischen Bund ab (siehe Nummer 59, Seite 112).

Der elementarste Schlag ist »ein Kardeel auf und eines ab«. Aber man kann verschiedene Muster bilden. Durch die Methode »drei ab und eines auf«, bei der man die nach unten deutenden Kardeele nacheinander nach oben führt, entsteht zum Beispiel ein Spiralmuster. Man kann auch die beiden Arten der Spanischen Platting verwenden oder auf das Befestigungskardeel verzichten und das Ende mit laufenden Kronenknoten (siehe Nummer 61, Seite 116) oder ähnlichem überziehen.

Um zu verhindern, daß sich die langen, losen Enden verwirren, ist es am besten, diese zusammenzufassen und mit einem Schifferknoten zu verknüpfen.

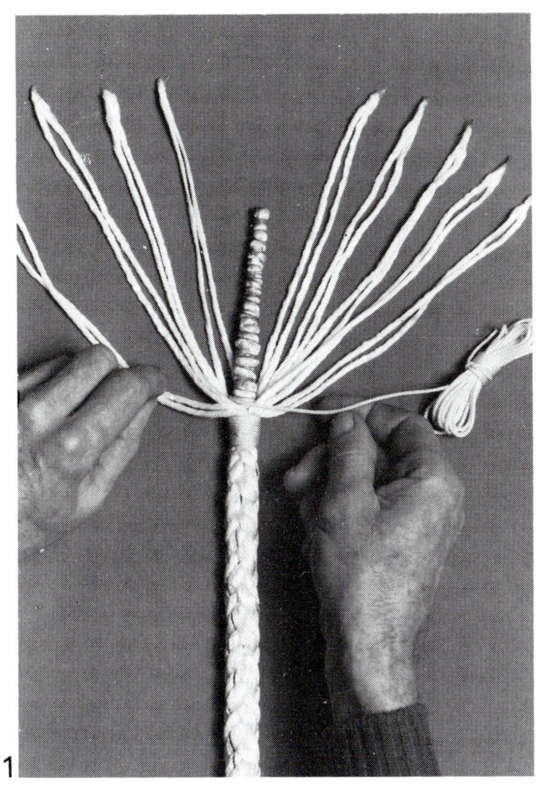
1

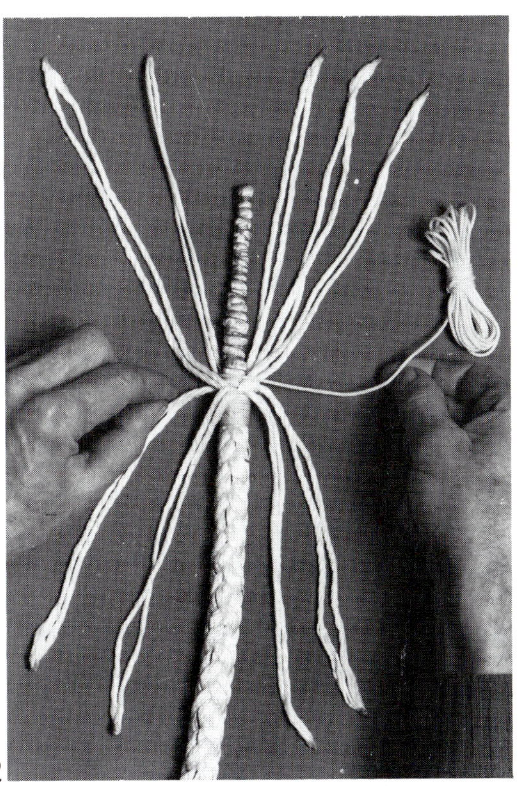
2

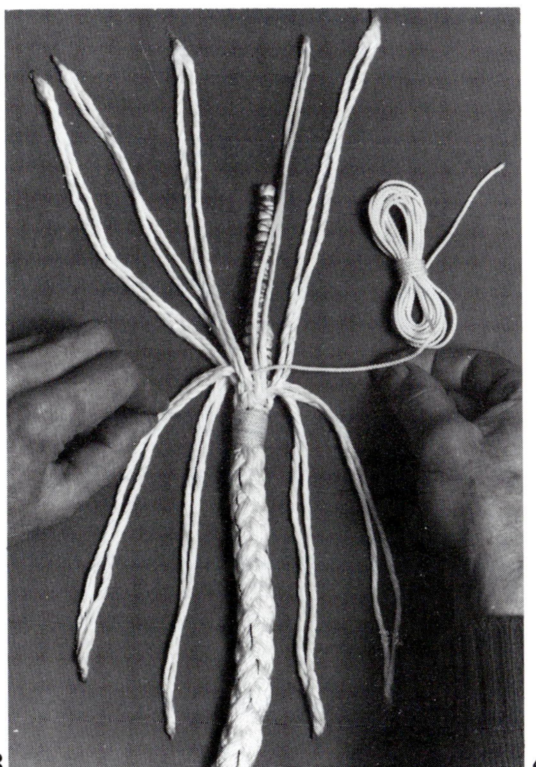
3

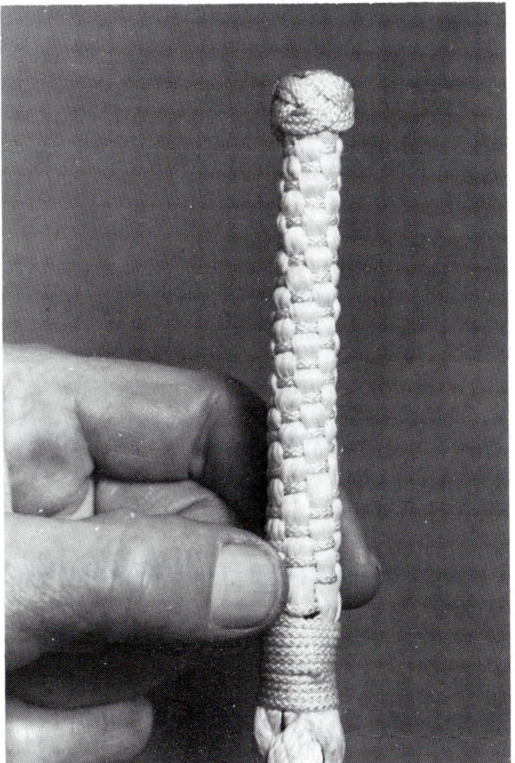
4

Drahtspleiße

49

Admiralitätsaugspleiß

Die Bestimmungen über die Verwendung von Drahtaugspleißen in der Industrie sind streng. Die folgenden Spleiße, Admiralitätsaugspleiß und Liverpool-Augspleiß sind für den normalen Gebrauch durchaus geeignet. Aus versicherungstechnischen Gründen sollte der Leser sich dennoch mit den jeweils geltenden Bestimmungen für die Verwendung von Drahtaugspleißen vertraut machen.

Der Admiralitätsaugspleiß zeichnet sich durch folgendes Merkmal aus: Mit dem ersten Durchstich, werden alle Kardeele »über-unter« gegen den Schlag der stehenden Part durchgesteckt.

Es gibt mindestens drei Methoden, um den ersten vollen Umlauf zu vollenden. Die Abbildung zeigt die Reihenfolge 1-6-2-3-5-4. Die notwendige Länge des Auges wird festgelegt und ein entsprechender Takling angebracht. Danach werden die Kardeele aufgeschlagen und in der richtigen Reihenfolge ausgelegt. Die Hanfseele liegt immer beim ersten Durchstichkardeel (Abbildung 1). Die Zeichnung A zeigt die relative Lage der Durchstichkardeele zur stehenden Part. Kardeel 1 wird zusammen mit der Hanfseele als erstes von links nach rechts durchgesteckt (Abbildung 2) und dichtgeholt (Abbildung 3).

Nun wird die Hanfseele herausgeschnitten. Zeichnung B zeigt den Ablauf des nächsten Durchstichs. Kardeel 6 wird auch von links nach rechts (siehe Abbildung 4) durchgesteckt und dann dichtgeholt.

Als nächstes wird Kardeel 2 von rechts nach links durchgesteckt (Zeichnung C), und zwar um das gleiche Kardeel der stehenden Part wie Kardeel 6, aber eben in die entgegengesetzte Richtung. Es bildet so den in Abbildung 5 dargestellten Verschluß. Danach wird es dichtgeholt. Der Vorgang wird mit Kardeel 3 (Zeichnung D und Abbildung 6) wiederholt. Eintrittspunkt und Kardeelrichtung sind aus Zeichnung und Abbildung ersichtlich. Das Kardeel wird wieder dichtgeholt, was allerdings in der Abbildung nicht dargestellt wurde, weil es kaum zu sehen wäre.

Dann wird Kardeel 5 (Zeichnung E) durchgesteckt. Im Gegensatz zu den vorher gesteckten Kardeelen, wird Nummer 5 unter zwei Kardeelen durchgesteckt. Zeichnung E zeigt, daß Kardeel 5 von links nach rechts gesteckt wurde, während in der Abbildung 7 scheinbar das Stecken in der Gegenrichtung dargestellt ist. Dies liegt daran, daß in Abbildung 7 (zum ersten Mal) die Rückseite des Spleißes zu sehen ist. Dies ist auch aus der veränderten

Lage des langen Schenkels des Takling schräg nach rechts oben ersichtlich.

Die rückwärtige Perspektive wird auch beim nächsten Schritt beibehalten. Kardeel 4 (Zeichnung F) wird durch eines der beiden Kardeele der stehenden Part gesteckt wie Kardeel 5 (Abbildung 8).

Abbildung 9 zeigt den ersten vollständigen Durchstich. Aus Gründen der Klarheit wurden die Kardeele locker gelassen. In der Praxis wird jedes Kardeel nach dem Durchstich mit dem Hammer bearbeitet. Alle Kardeele werden nun »über-unter« gegen den Schlag gesteckt und nacheinander mit dem Hammer bearbeitet. Abbildung 10 zeigt den fertigen Spleiß mit fünf vollen Durchstichen.

Wenn der Spleiß bekleedet werden soll, muß man ihn verjüngen. Dies geschieht, indem man die Kardeele halbiert und mit den halbierten Kardeelen drei weitere Durchstiche vornimmt. Dieser Vorgang wird beim Augspleiß in einem Tau (siehe Nummer 37, Seite 68) geschildert.

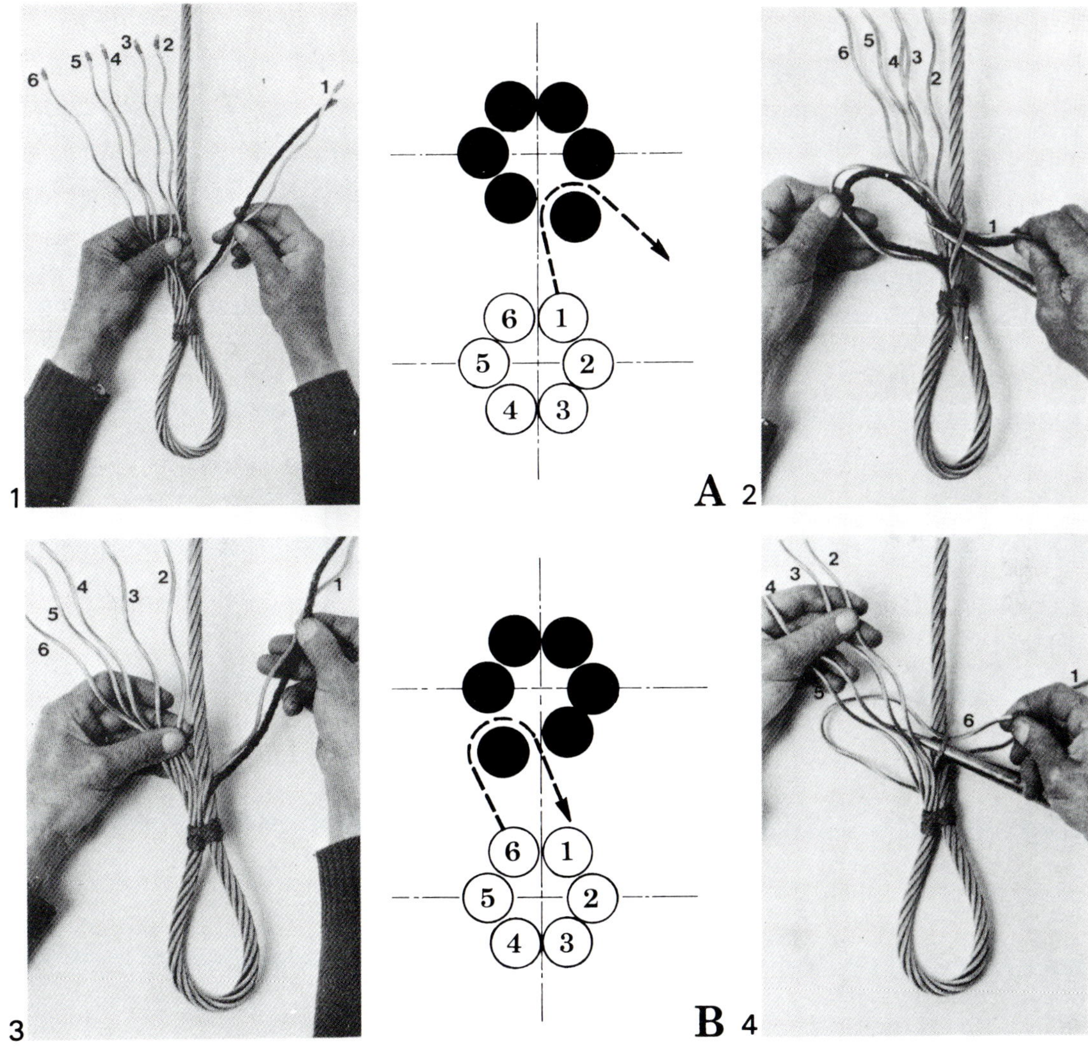

1 A 2

3 B 4

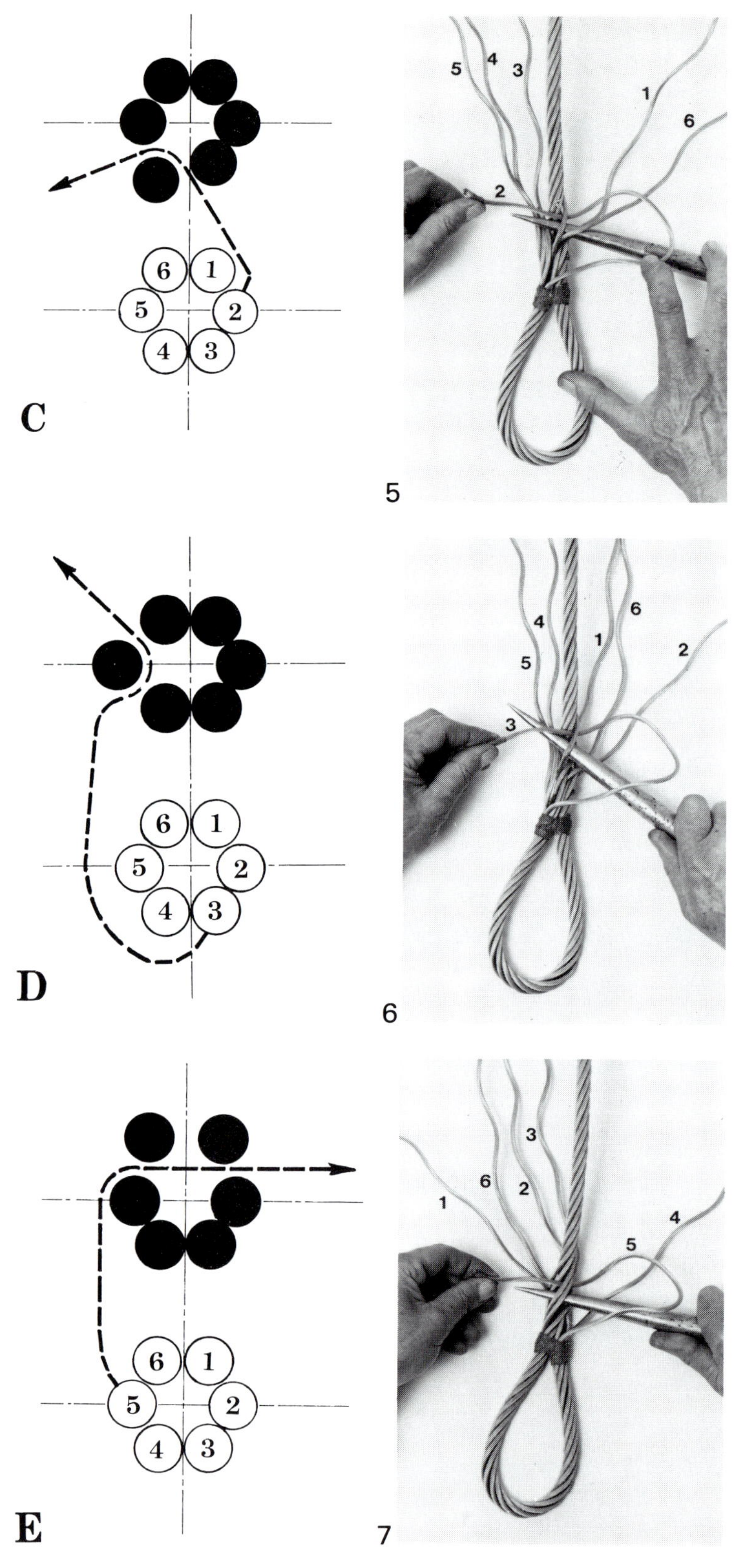

6
1
5
2
4
3
C
5
4
3
1
6
2
5
6
1
5
2
4
3
D
4
6
1
2
5
3
6
6
1
5
2
4
3
E
3
6
2
1
4
5
7

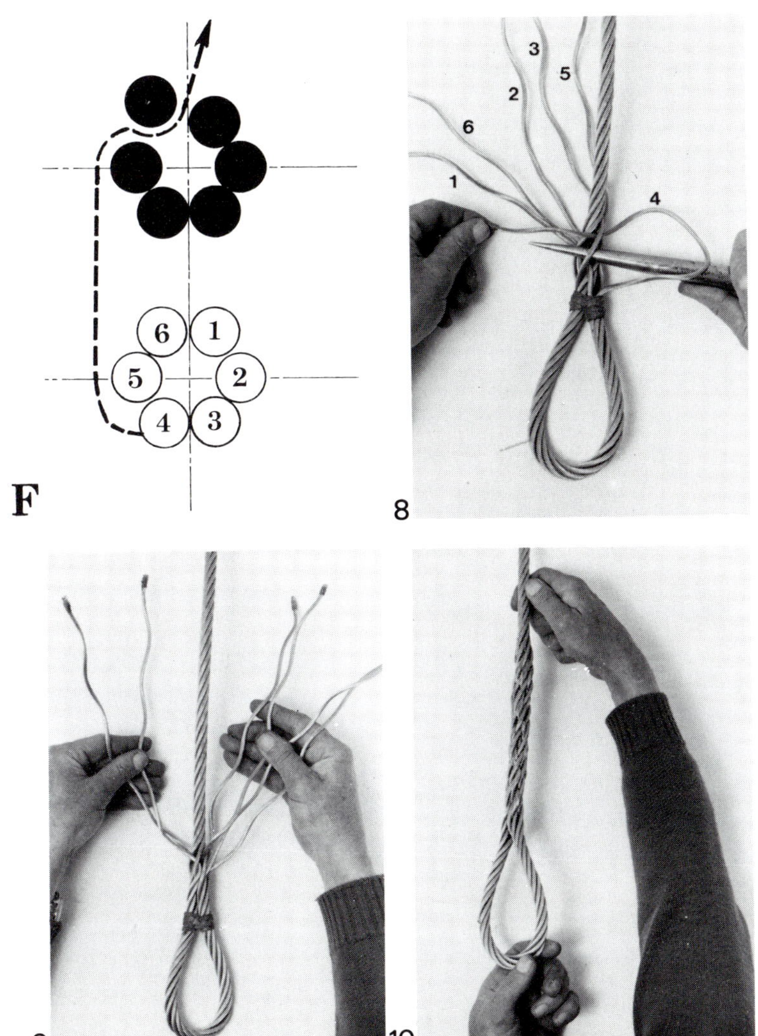
6
1
5
2
4
3
F
3
2
5
6
1
4
8
9
10

50

Liverpool-Augspleiß

Auch bei diesem Spleiß kann man die 1-6-2-3-5-4-Methode wie bei Nummer 49 verwenden. Hier soll aber eine Alternative dargestellt werden, bei der fünf der sechs Kardeele zwischen den gleichen beiden Kardeelen durch die stehende Part treten, und das sechste Kardeel den Verschluß bildet. Der Liverpool Spleiß ist nicht so wirkungsvoll wie der Admiralitätsspleiß und sollte nicht verwendet werden, wenn der Draht, an dem er gebildet wurde, unter Belastung steht.

Alle Kardeele werden aufgeschlagen. Hierbei ist die Reihenfolge 1 bis 6 wichtig. Dies ist die Folge, in der die Durchstiche vorgenommen werden. Kardeel 1 (die Zuordnung der Nummern ist in Abbildung 1 ersichtlich) wird wie in Zeichnung A gezeigt gesteckt. Ein Marlspieker wird zwischen die betreffenden Kardeele der stehenden Part eingeführt, wobei nur ein Kardeel angehoben wird. Kardeel 1 wird zusammen mit der Hanfseele von rechts nach links unter dem angehobenen Kardeel durchgesteckt und dichtgeholt (Abbildung 3). Danach wird die Hanfseele abgeschnitten. Der Marlspieker wird teilweise zurückgezogen und unter die zwei Kardeele eingeführt (Zeichnung B). Kardeel 2 wird, wie in Abbildung 4 dargestellt, durchgesteckt. Danach werden auch die Kardeele 3, 4 und 5 gesteckt, indem man den Marlspieker teilweise zurückzieht und wieder unter drei Kardeele einführt. Zeichnung C zeigt den Vorgang für Kardeel 3; Zeichnung D (vier Kardeele) für Kardeel 4; Zeichnung E (fünf Kardeele) für Kardeel 5.

Zu diesem Zeitpunkt ist Kardeel 6 das einzige, das noch nicht gesteckt wurde. Abbildung 5 zeigt den Spleiß von vorne, und Abbildung 6 nach einer Drehung von hinten. Bei letzterer Abbildung liegt Kardeel 6 dann rechts.

Kardeel 6 wird nun unter das gleiche Kardeel der stehenden Part gesteckt wie Kardeel 1, aber in die entgegengesetzte Richtung (Zeichnung F und Abbildung 7). Abbildung 8 zeigt den ersten vollständigen Durchstich.

Alle Kardeele sollten nach dem Einstecken mit dem Hammer bearbeitet werden. Wegen der Anschaulichkeit wurden in der Abbildung alle Kardeele locker gelassen. Von da an wird die Schwachstelle des Liverpool-Spleißes deutlich.

Der Marlspieker wird nach dem ersten vollständigen Durchstich unter irgendeinem Kardeel eingeführt. Der entsprechende Tampen wird fortlaufend mit dem Schlag unter dieses Kardeel gesteckt. Einfacher ausgedrückt: Der Tampen wird um dieses Kardeel herumgewickelt. Nach dem Einführen wird der Marlspieker um den Draht vor dem Tampen gedreht. Abbildung 9 zeigt den vollständigen Durchstich des ersten Tampens. Der Vorgang wird wiederholt, wobei jedes Ende um das entsprechende Kardeel der stehenden Part gewickelt wird. Das Ergebnis zeigt Abbildung 10. Die Lage der Hanfseele darf beim Durchstich der Kardeele 4 und 5 nicht verändert werden. Diese Kardeele liegen zur einen Seite der Seele, während die Kardeele 1, 2 und 3 auf der anderen Seite liegen. Die Seele hat ihren Platz in der Drahtmitte.

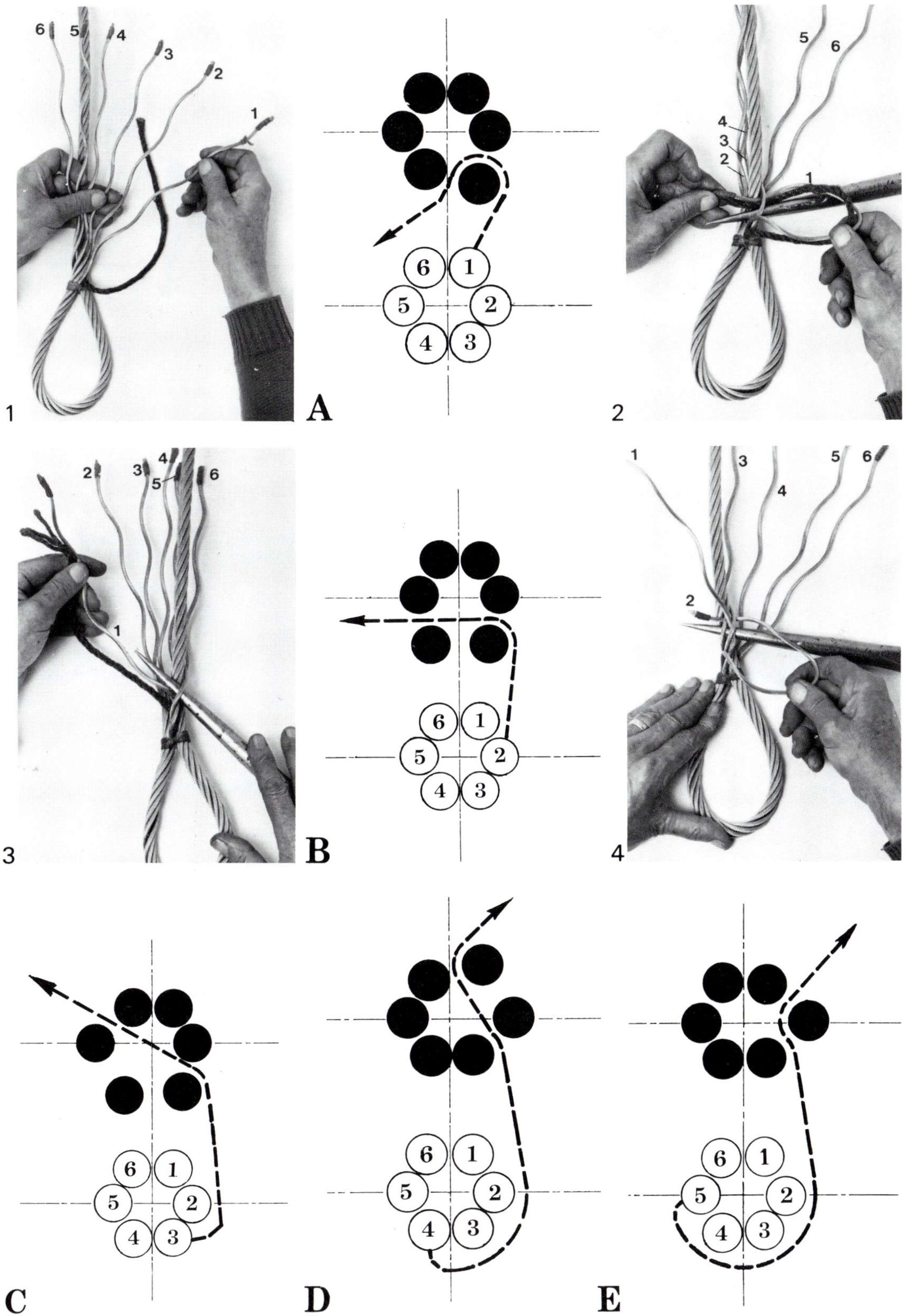
6
5
4
3
2
1
1
A
6
1
5
2
4
3
5
6
4
3
2
1
2
2
3
4
5
6
1
3
B
6
1
5
2
4
3
1
3
4
5
6
2
4
C
6
1
5
2
4
3
D
6
1
5
2
4
3
E
6
1
5
2
4
3

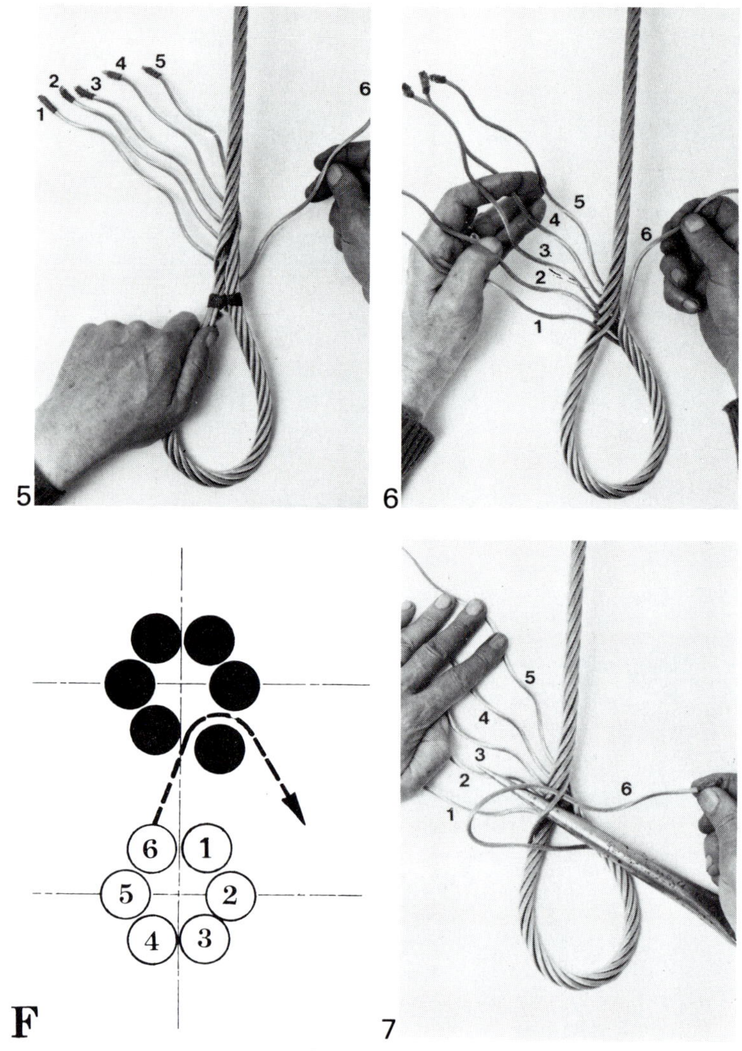
1 2 3 4 5 6
5
1 2 3 4 5 6
6
6 1
5 2
4 3
F
1 2 3 4 5 6
7

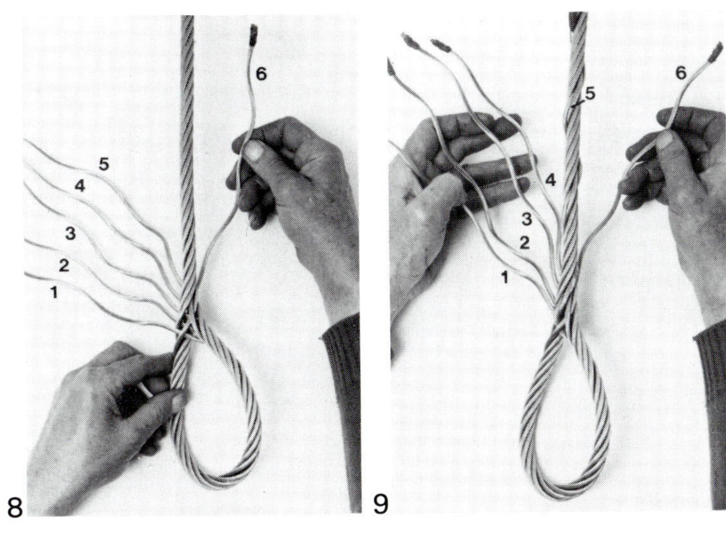

8

9

10

51

Flämischer Augspleiß

Dies ist eine einfache Methode, um ein langes Auge am Ende eines Drahtes zu bilden. Der Flämische Augspleiß eignet sich für allgemeine Arbeiten, da kein Werkzeug erforderlich ist. Er ist nicht so wirkungsvoll wie ein normaler Augspleiß und sollte deshalb nicht so stark belastet werden.

Der Draht wird sorgfältig halbiert. Die Hanfseele liegt bei den drei Kardeelen auf der einen Seite. Die Länge entspricht etwa der zweieinhalbfachen Länge des gewünschten Auges.

Die zwei Kardeelgruppen werden am äußersten Ende des Auges gekreuzt (Abbildung 1). Hierbei muß man sicherstellen, daß die eine Gruppe sich gut in die leere Mulde der anderen legt. Die beiden Kardeelgruppen werden verbunden, indem man die linke mit der »Unter-über-Methode« und die rechte mit der »Über-unter-Methode« durch das Auge führt (Abbildungen 2 mit 5).

Dieser Durchstich wird fortgeführt, bis sich die zwei Kardeelgruppen am Hals des Auges treffen (Abbildung 6). Hierbei entsteht der ursprüngliche sechskardeelige Schlag wieder. Diese Kardeele werden nun wieder zusammengelegt und bilden einen einzigen sechskardeeligen Tampen (Abbildungen 7 und 8). Dieser wird zur stehenden Part geholt. Man kann die Stärke dieses Auges erhöhen, indem man einen Bulldog-Griff anstatt eines Taklings verwendet.

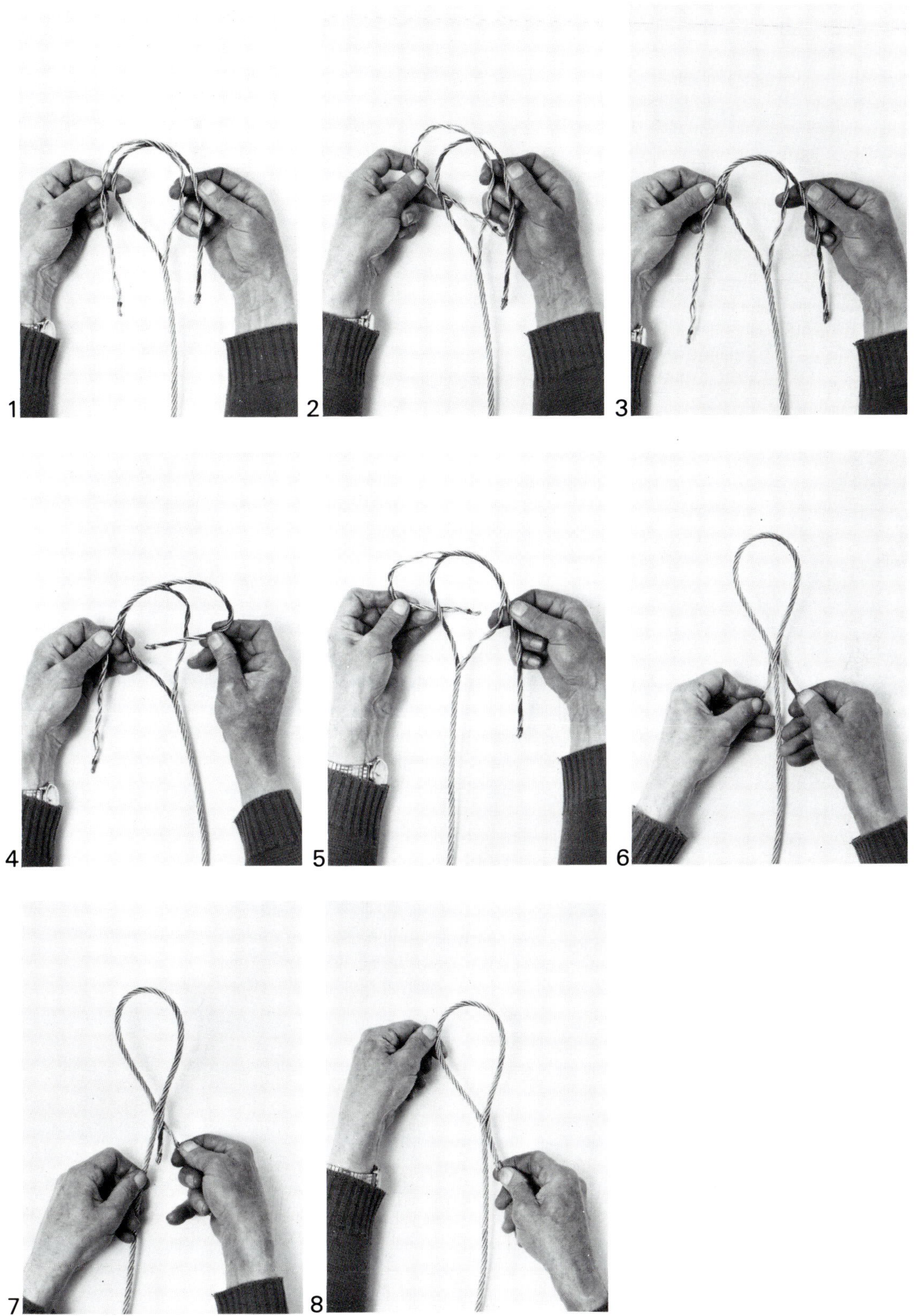
1
2
3
4
5
6
7
8

52

Langspleiß aus Draht

Der Drahtlangspleiß wird nach dem gleichen Grundprinzip hergestellt wie der Hanflangspleiß. Er dient auch dem gleichen Zweck, nämlich der Verknüpfung zweier Enden auf eine Art und Weise, durch die der Durchmesser des Drahtes an den Verknüpfungspunkten nicht vergrößert wird. Der so gespleißte Draht kann über einen Block laufen.

Der Vorgang besteht praktisch aus zwei Teilen. Zuerst werden die entsprechenden Kardeele aufgeschlagen und ersetzt. Dies ist relativ einfach, wenn man das Grundprinzip einmal verstanden hat. Dann werden die Enden eingesteckt. Hierin liegt das Geheimnis eines guten Langspleißes. Der erste Teil wird in den Abbildungen 1 mit 6 dargestellt, den zweiten veranschaulichen die Abbildungen 7 mit 14 (dieser Teil gilt auf für das Grummet, Nummer 53).

Wie beim Tau hängt die Stabilität des Spleißes einzig und allein von der Reibung ab. Wenn man mit Draht arbeitet, benötigt man jedoch einen wesentlich längeren Spleiß.

Die empfohlene Standardlänge für den gesamten Spleiß beläuft sich auf ca. 3 Meter bei ca. 3 Millimeter Durchmesser. Darin sind die Enden nicht eingeschlossen, für die weitere (15 Zentimeter) veranschlagt werden sollten.

Wir gehen davon aus, daß der abgebildete Draht 2,5 Zentimeter Durchmesser hat. In diesem Fall müßte die Gesamtlänge des Spleißes ca. 26 Meter betragen. Wenn man solche Längen fotografisch darstellen wollte, würde sich jegliches Detail verlieren. Aus diesem Grund wurde der Spleiß in verkleinerter Form abgebildet. Der Leser muß sich die wirklichen Längen vorstellen.

Jeder der beiden Drähte wird ca. 13,5 Meter von seinem jeweiligen Ende entfernt mit einem provisorischen Takling versehen. Die Kardeele werden bis zu diesen Punkten aufgeschlagen und die Seelen herausgeschnitten (Abbildung 1).

Die Kardeele werden nach dem gleichen Prinzip verwoben wie die Hanfkardeele beim Kurzspleiß (Nummer 40, Abbildung 1). Wenn alle verflochten sind, werden die beiden Drähte so zusammengelegt, daß sich die Seelen treffen. Die sechs Kardeelpaare werden verbunden (Abbildung 2) und der Takling entfernt.

Wie beim Hanflangspleiß (Nummer 41, Seite 74) wird ein Drahtpaar ausgewählt. Der rechte Draht wird auf ca. 12,2 Meter aufgeschlagen. Der linke wird sorgfältig in die entstandene Mulde gelegt. Am Ende stehen noch ca. 1,20 Meter über.

Das aufgeschlagene rechte Kardeel wird auf die gleiche Länge abgeschnitten. Das erste Kardeelpaar mit einer Länge von 1,22 Meter entsteht 12,2 Meter vom Vereinigungspunkt (dem Mittelpunkt des Spleißes) entfernt (Abbildung 3). Das Kardeelpaar, das diesem am nächsten liegt, wird nun auf die gleiche Weise bearbeitet. Beide Kardeele werden auf eine Länge von 1,22 Meter abgeschnitten und 8,50 Meter vom Vereinigungspunkt gebildet. Der gleiche Vorgang wird mit dem dritten Kardeelpaar wiederholt. Wieder werden die Kardeele gekürzt. Dieses

Kardeelpaar ist ca. 4,9 Meter vom Zentrum entfernt (Abbildung 5). Der Vorgang wird links von der Mitte wiederholt, wodurch drei weitere Endenpaare entstehen. Abbildung 6 zeigt das Ergebnis: sechs Endenpaare mit einer Länge von 1,22 Meter im Abstand von 3,66 – 3,66 – 9,75 – 3,66 – 3,66 Meter. Damit ist der Spleiß im Grunde fertig. Jetzt müssen nur noch die Enden eingesteckt werden.

Jedes Ende wird vollständig mit Marlleine oder mit einem weichen Draht bekleedet, so daß der Durchmesser des Kardeels etwa dem der Seele entspricht (Abbildung 7).

Aus fotografischen Gründen wurden die Enden wieder in Miniatur abgebildet. Wir möchten nochmals betonen, daß die Enden in Wirklichkeit 1,22 Meter lang sind.

Die Seele wird freigelegt und angehoben (Abbildung 8). Dann wird sie am Kreuzungspunkt durchtrennt und freigelegt. Die Länge der freigelegten Seele entspricht der des Drahtendes, durch das die Seele ersetzt wird (Abbildung 9). Sobald diese Länge erreicht ist, wird die Seele abgeschnitten.

Für das Spleißen gibt es Spezialwerkzeuge – T-Nadel und Spleißer. Der Vorgang kann aber auch mit einem normalen Spieker durchgeführt werden. Die stehende Part wird freigelegt. Das Ende wird langsam mit dem Schlag in die Drahtmitte eingearbeitet, wo es die Seele ersetzt (Abbildungen 10 mit 13). Das verbleibende Ende wird auf die gleiche Weise eingesteckt. Abbildung 14 zeigt das fertige Ergebnis. Der Vorgang wird mit den übrigen Endenpaaren wiederholt.

Es ist wichtig, daß zwischen dem Ende des eingesteckten Tampens und der Fortsetzung der Seele kein Spalt bleibt.

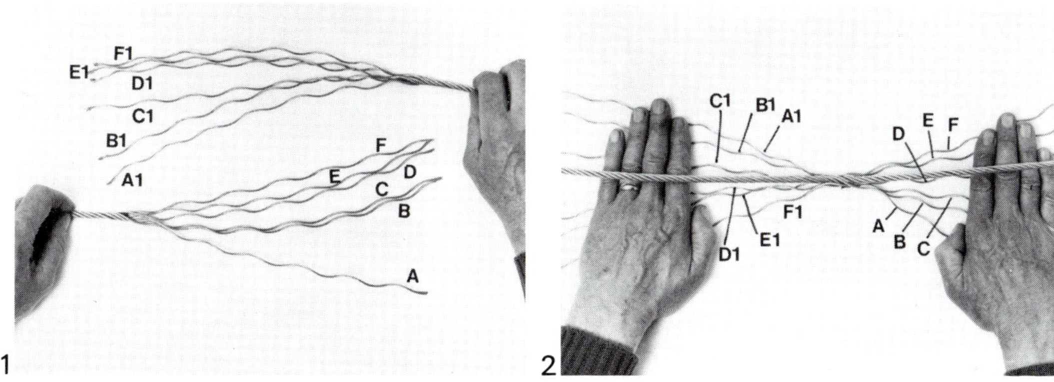

1

2

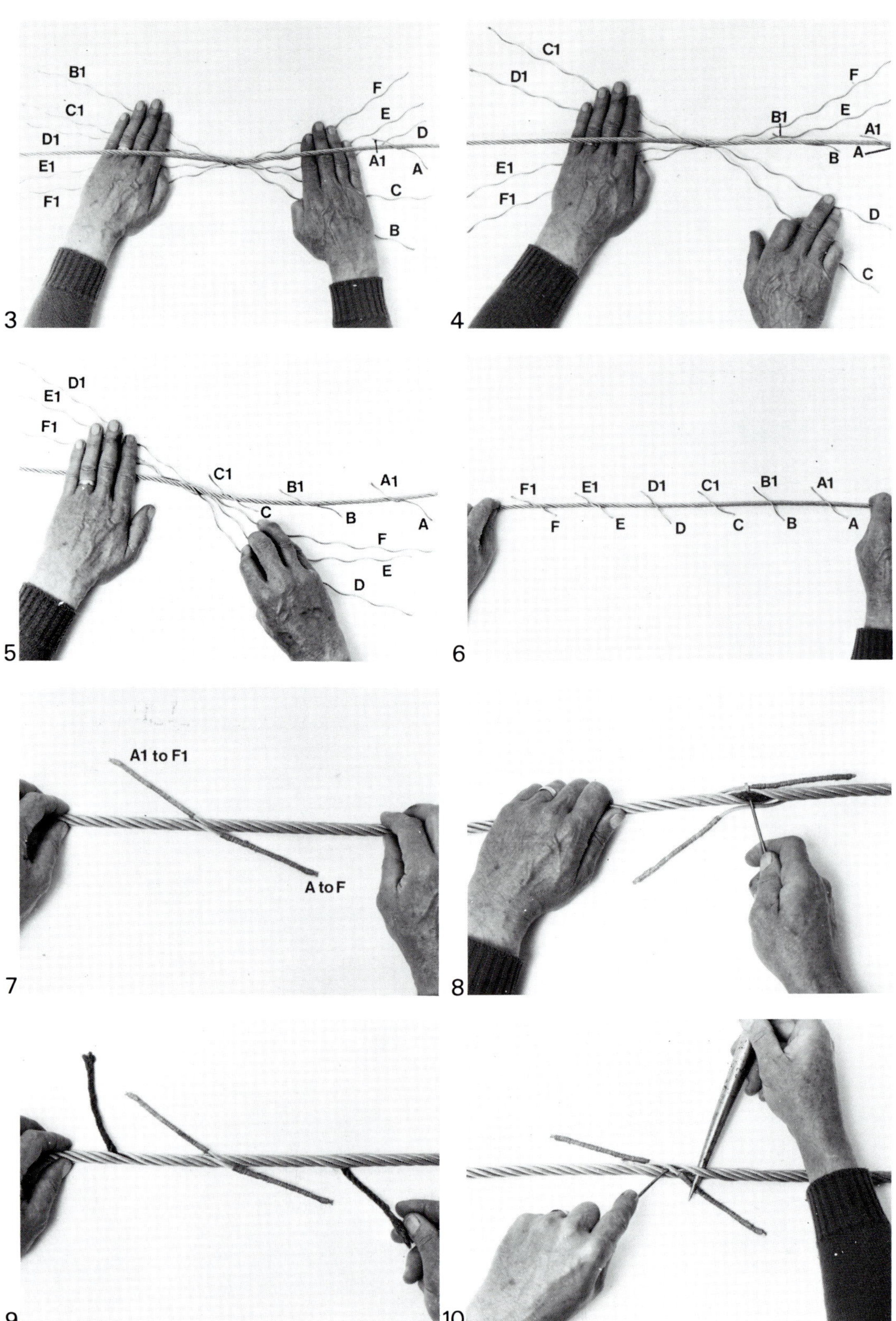
B1
C1
D1
E1
F1
F
E
D
A1
A
C
B
C1
D1
F
E
B1
A1
B
A
E1
F1
D
C
D1
E1
F1
C1
B1
A1
C
B
A
F
E
D
F1
E1
D1
C1
B1
A1
F
E
D
C
B
A
A1 to F1
A to F
3 4 5 6 7 8 9 10

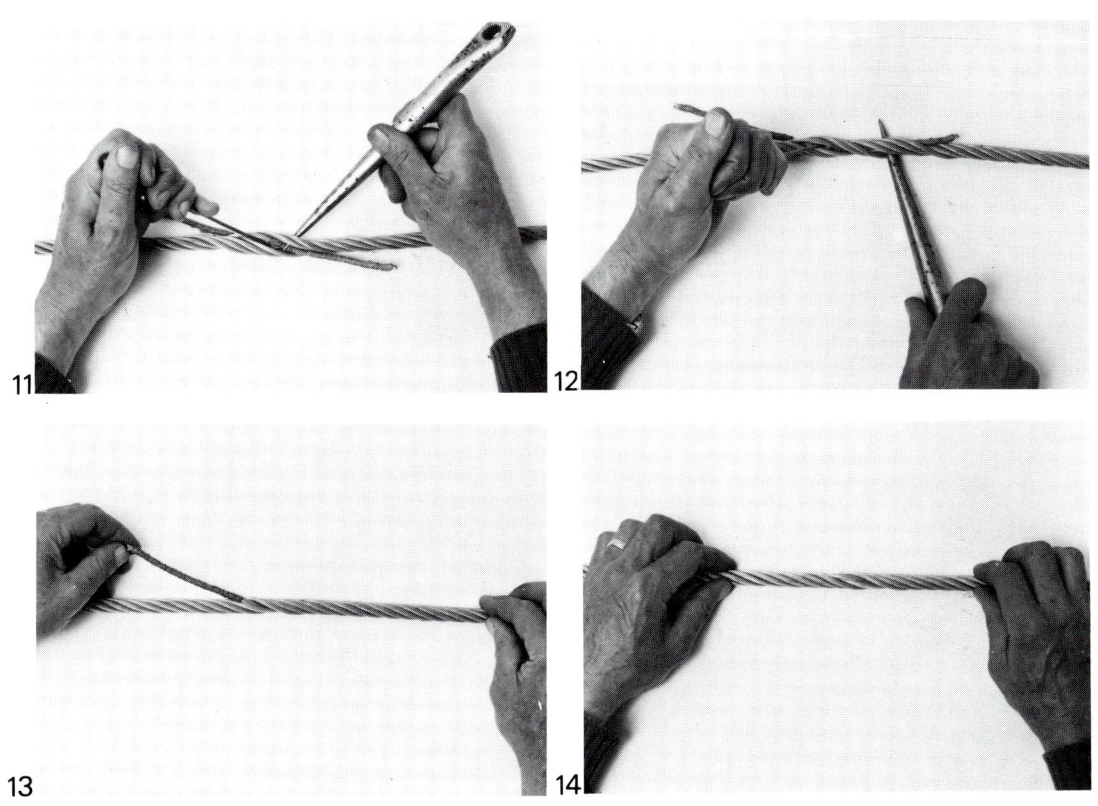
11
12
13
14

53

Grummet aus Draht

Beim Spleißen des Grummet verbindet man ein flämisches Auge (man legt drei Kardeele in ihre drei Gegenstücke mit Hanfseele ein) mit einem Langspleiß. Wenn der Kreis des Grummets selbst fertig ist, muß die Länge der Enden noch für die Bildung eines Langspleißes ausreichen (Abbildung 4).

Die Länge des Drahtes muß etwa dem neunfachen Durchmesser des gewünschten Grummets entsprechen. Die drei benachbarten Kardeele werden sorgfältig aufgeschlagen. Die Hanfseele bleibt bei den übrigen drei Kardeelen.

Die aufgeschlagenen Kardeele werden entfernt und die Hanfseele wird von beiden Enden auf gleicher Länge entfernt. Die verbleibende Länge der Seele entspricht dem Umfang des Grummet in der Mitte der losen Kardeele.

Dann wird der Kreis gebildet. Die beiden dreikardeeligen Paare werden an der Stelle verknüpft, wo sich die beiden Enden der Hanfseele treffen (Abbildung 1). Die rechten Enden werden von unten nach oben und die linken von oben nach unten durch den Kreis gesteckt. Der sechskardeelige Schlag wird somit, wie in den Abbildungen 2 und 3 gezeigt, umgeformt. Der Vorgang wird fortgesetzt, bis sich die Enden treffen und das Grummet in der Grundform fertig ist (Abbildung 4).

Die Enden werden nun aufgeschlagen (Abbildung 5). Wie bei Nummer 52 beschrieben, wird nun ein Langspleiß aus den drei Kardeelpaaren hergestellt, die auf die gewünschte Länge verkürzt wurden (Abbildung 6). Nun müssen die Enden nur noch, wie bei Nummer 52 (Abbildungen 7 mit 14) beschrieben, eingesteckt werden.

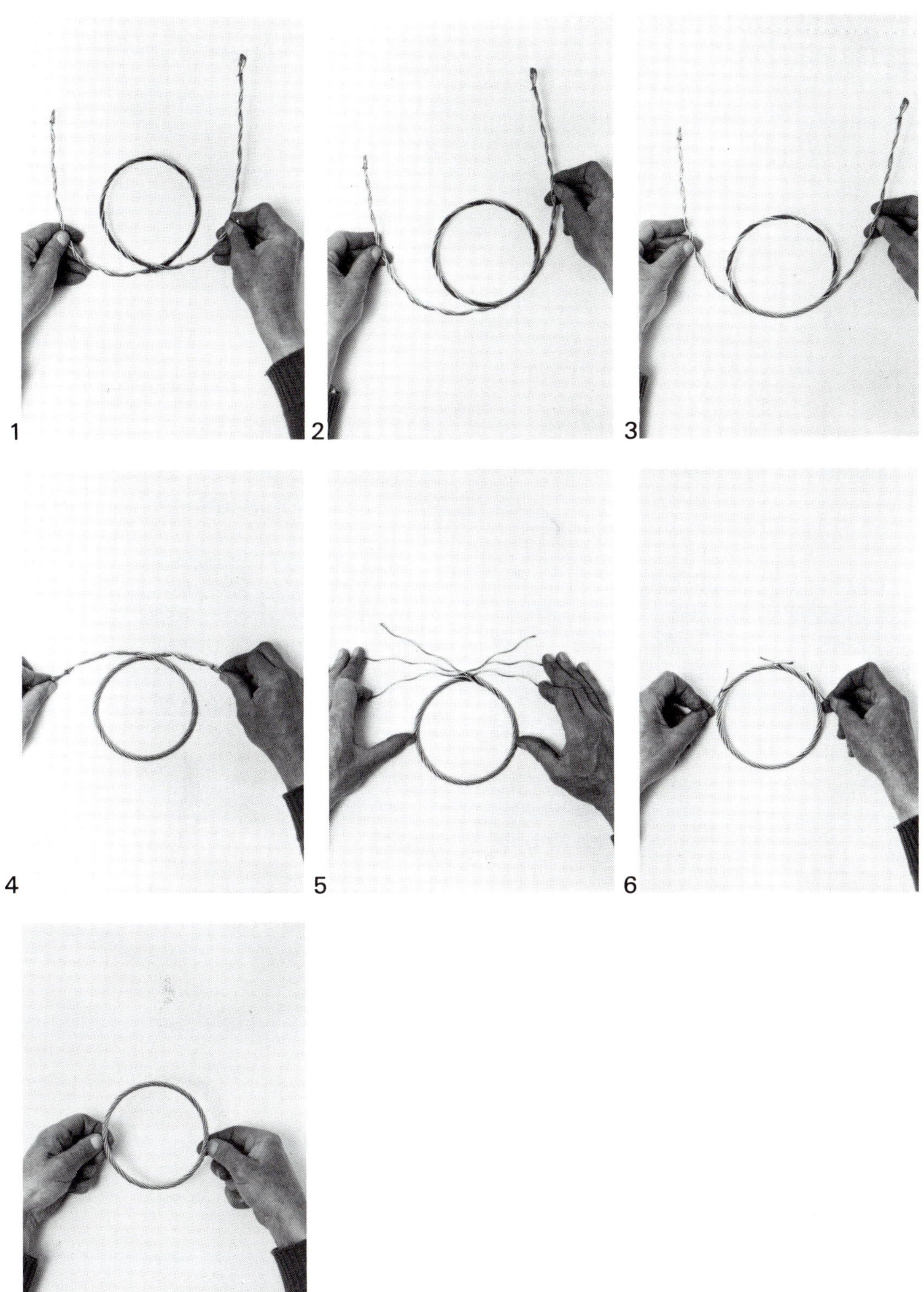

Schmuckknoten

54

Wantknoten

Dies ist im Grunde eine dekorative Methode, um zwei Seile zu verknüpfen. Es heißt, daß in früheren Zeiten Wanten auf diese Art repariert worden seien. Der Namen »Wantknoten« ist jedenfalls ein Indiz dafür.

Der Wantknoten sieht sicherlich hübscher aus als der Kurzspleiß, der für den gleichen Zweck verwendet wird. Für den Wantknoten benötigt man weniger Material als für den Kurzspleiß. Allerdings ist er auch weniger stabil.

Die Enden der beiden Seile werden aufgeschlagen und wie in der Anfangsphase des Kurzspleißes miteinander verwoben (Abbildungen 1 und 2 bei Nummer 40, Seite 72). Um die stehende Part des oberen Seils wird mit den Kardeelen des unteren oberhalb der Verbindungsstelle gegen den Schlag ein Wandknoten (siehe Nummer 58, Seite 110) geknüpft (Abbildung 1). Der Vorgang wird unterhalb der Verbindungsstelle wiederholt, wobei die Kardeele des oberen Seils gegen den Schlag einen zweiten Wandknoten bilden (Abbildung 2). Alle Enden werden aufgedröselt, durch Ausdünnen verjüngt und in bestimmten Abständen mit Takelgarn befestigt (Abbildung 3).

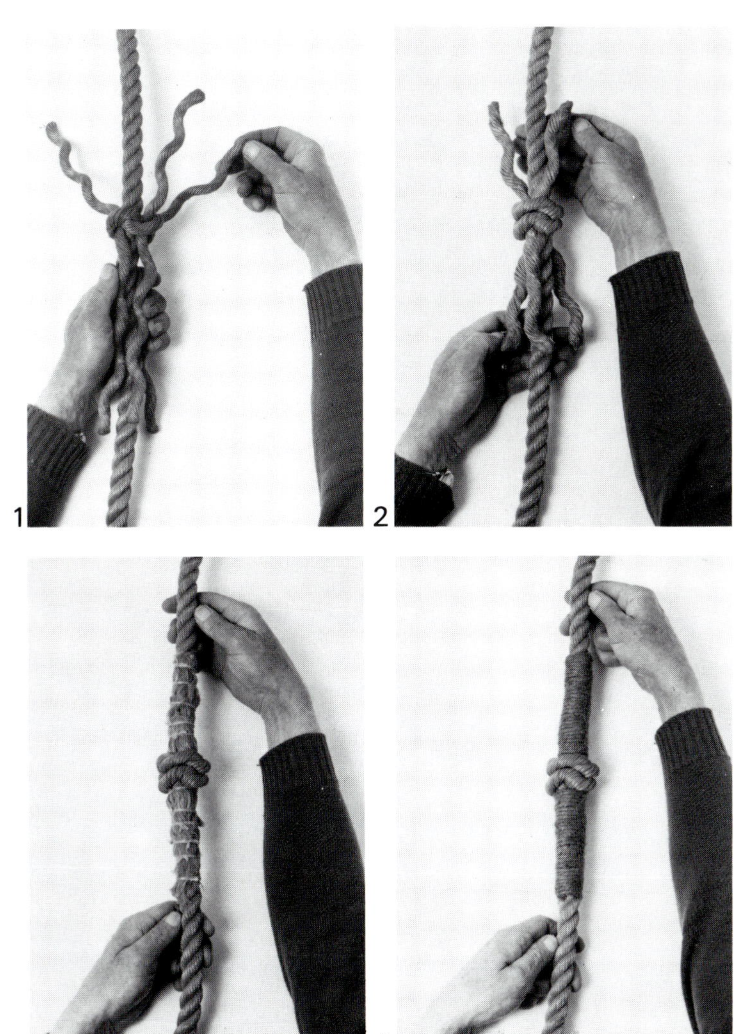

55

Der »unlösbare« Knoten

Dieser Knoten besteht aus einem Palstek mit einer Bucht (siehe Nummer 18, Seite 36), bei dem eine kurze stehende Part um eines der Augen gespleißt wird. Die andere stehende Part wird befestigt.

Die Herausforderung besteht darin, den Palstek über einer Bucht zu lösen, ohne die stehende Part durchzuziehen oder den Spleiß aufzutrennen. Dies ist kein Ding der Unmöglichkeit! Ein Hinweis, wie man diesen Knoten auflösen kann, findet sich in der Einführung.

Es gibt keine bestimmte Bewegungsabfolge. Der Knoten wird lose gehalten, wobei die stehende Part gestrafft ist. Das Ganze wird mehrmals in Richtung Seilende gestürzt. Auf diese Weise übertragen sich die Törns des ursprünglichen Knotens auf die stehende Part. Der letzte Törn überträgt sich auf das Auge des Spleißes selbst.

1

56

Manntauknoten

. Dies ist einfach ein Wandknoten (Nummer 58), auf dem ein Kronenknoten geknüpft wurde (Abbildung 1). Dadurch entsteht der später angesprochene Wand- und Kronenknoten. Man stellt fest, daß die Enden, die aus der Krone nach unten austreten, sich ordentlich an die Kardeele des unten gelegenen Wandknotens schmiegen. Die Enden werden dann um diese Kardeele gelegt (Abbildung 2). Nun sind die Enden, die aus der »doppelten Wand« nach oben ragen mit den Kardeelen der ursprünglichen Krone gleichgerichtet. Nach einem weiteren Umlauf ist der Manntauknoten fertig.

Wie bei Kronenknoten üblich treten die Tampen nach unten aus. In Abbildung 3 wurden sie lang gelassen, um dies noch zu betonen. In der Praxis würde man sie freilich nahe beim Knoten abschneiden.

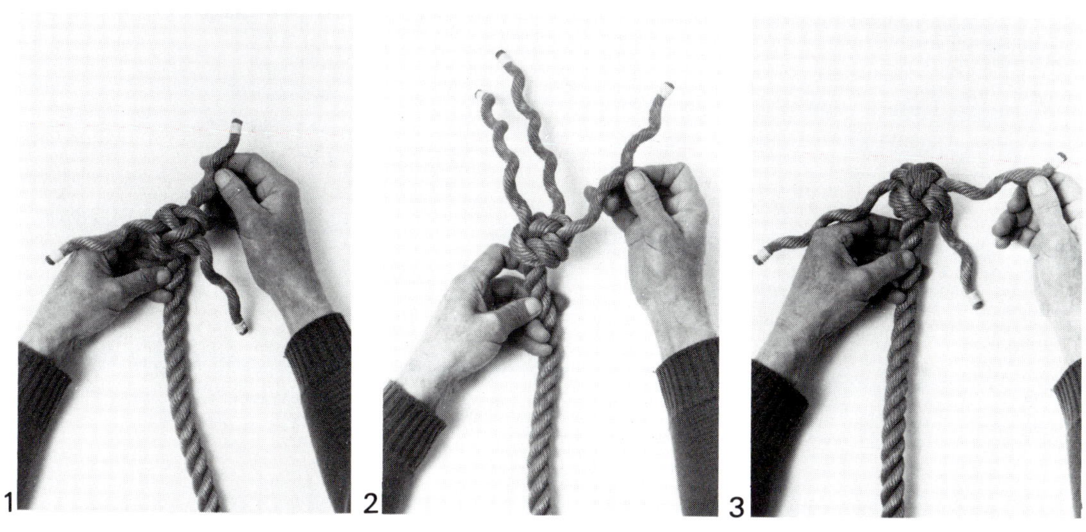

1 2 3

57

Kronenknoten

Die »Krone« hat große Ähnlichkeit mit der »Wand«. Der Unterschied besteht darin, daß die Kardeele nacheinander um und über das Nachbarkardeel geführt werden.

Das dritte Kardeel wird nach unten durch die Bucht des ersten geführt (Abbildung 3). Im Unterschied zur »Wand« treten die drei Kardeele am unteren Teil des Knotens aus (Abbildung 4). Ebenso wie der Wandknoten wird auch die »Krone« selten allein benutzt. In Abbildung 4 wurden die Enden aus den gleichen Gründen lang gelassen, die schon beim Wandknoten erläutert wurden. In diesem Fall würden die Enden des Kronenknotens als Anfang des Rückspleißes durchgesteckt (siehe Nummer 42, Seite 76).

Meistens wird der Kronenknoten mit dem Wandknoten kombiniert. Um einen Stopperknoten zu bilden, wird zuerst der Wandknoten (Knoten 58) gebunden. Dann wird er, wie die Abbildung zeigt, gekrönt, wodurch der Wand- und Kronenknoten entsteht. Dieser Vorgang wird am Anfang des Manntauknotens (Abbildung 1 bei Nummer 56) genauer beschrieben. Diese Abbildung 1 zeigt den fertigen Wand- und Kronenknoten vor dem Umlauf.

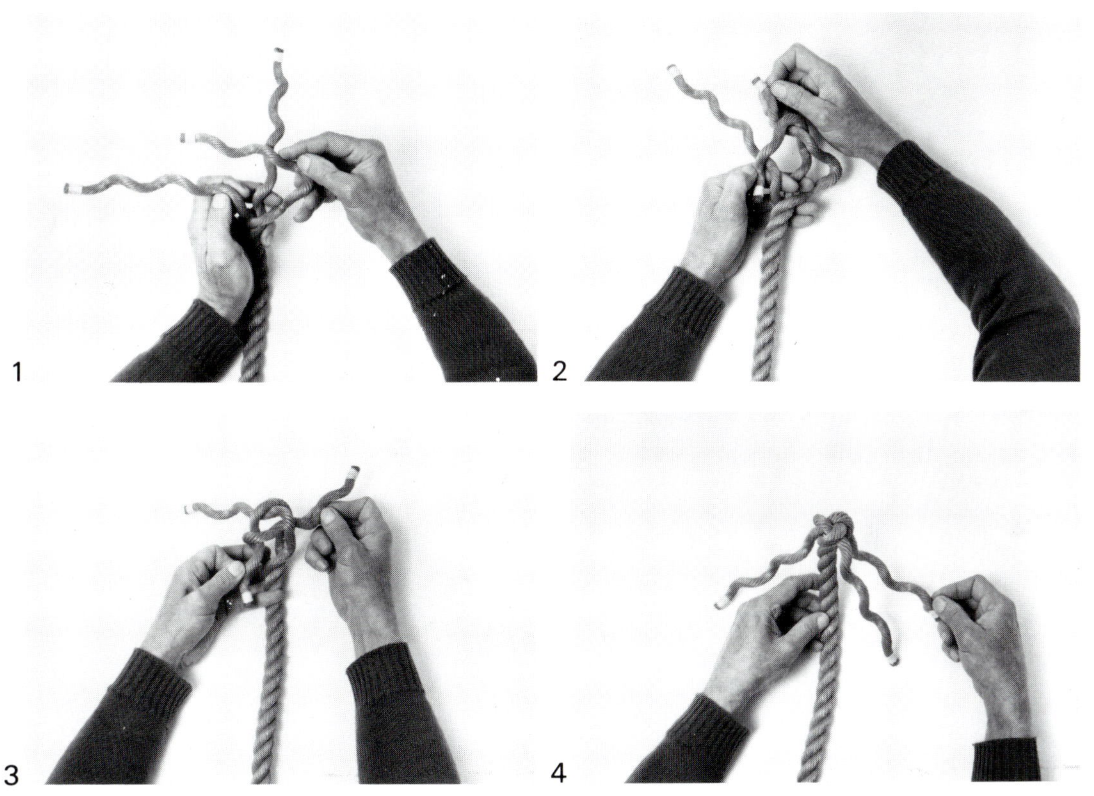

58

Wandknoten

Dieser Knoten wird meist kurz »Wand« genannt. Man bindet ihn, indem man die Kardeele nacheinander um und unter das Nachbarkardeel führt. Das Ende des dritten Kardeels wird durch die Bucht des ersten nach oben geführt (Abbildung 4). Dann wird es dichtgezogen. Bei richtiger Ausführung, treten alle drei Kardeele aus dem oberen Teil der Knotens heraus (Abbildung 5).

In Abbildung 5 wurden die Enden aus drei Gründen lang gelassen:

1. um die Austrittspunkte deutlich darzustellen;

2. um einen Vergleich mit den Enden der »Krone« (Nummer 57) zu ermöglichen,

3. um zu zeigen, daß ein Wandknoten selten allein benutzt wird und daß diese Enden in der Praxis noch weiter verknüpft werden.

Selbst beim Augspleiß mit einem Durchstich und Wandknotenabschluß (siehe Nummer 45, Seite 81), bei dem der Wandknoten um die stehende Part gebunden wird, erfolgt noch ein Umlauf.

Der Wandknoten wird meist mit dem Kronenknoten (Nummer 57) kombiniert. Die Kombination aus Wand- und Kronenknoten wiederum bildet die Grundlage für den Manntauknoten (Nummer 56).

Wenn man den Wandknoten geringfügig abwandelt, indem man jedes Kardeel anstatt um ein Nachbarkardeel, um zwei herumführt, entsteht der Matthew-Walker-Knoten (siehe Nummer 68, Seite 130).

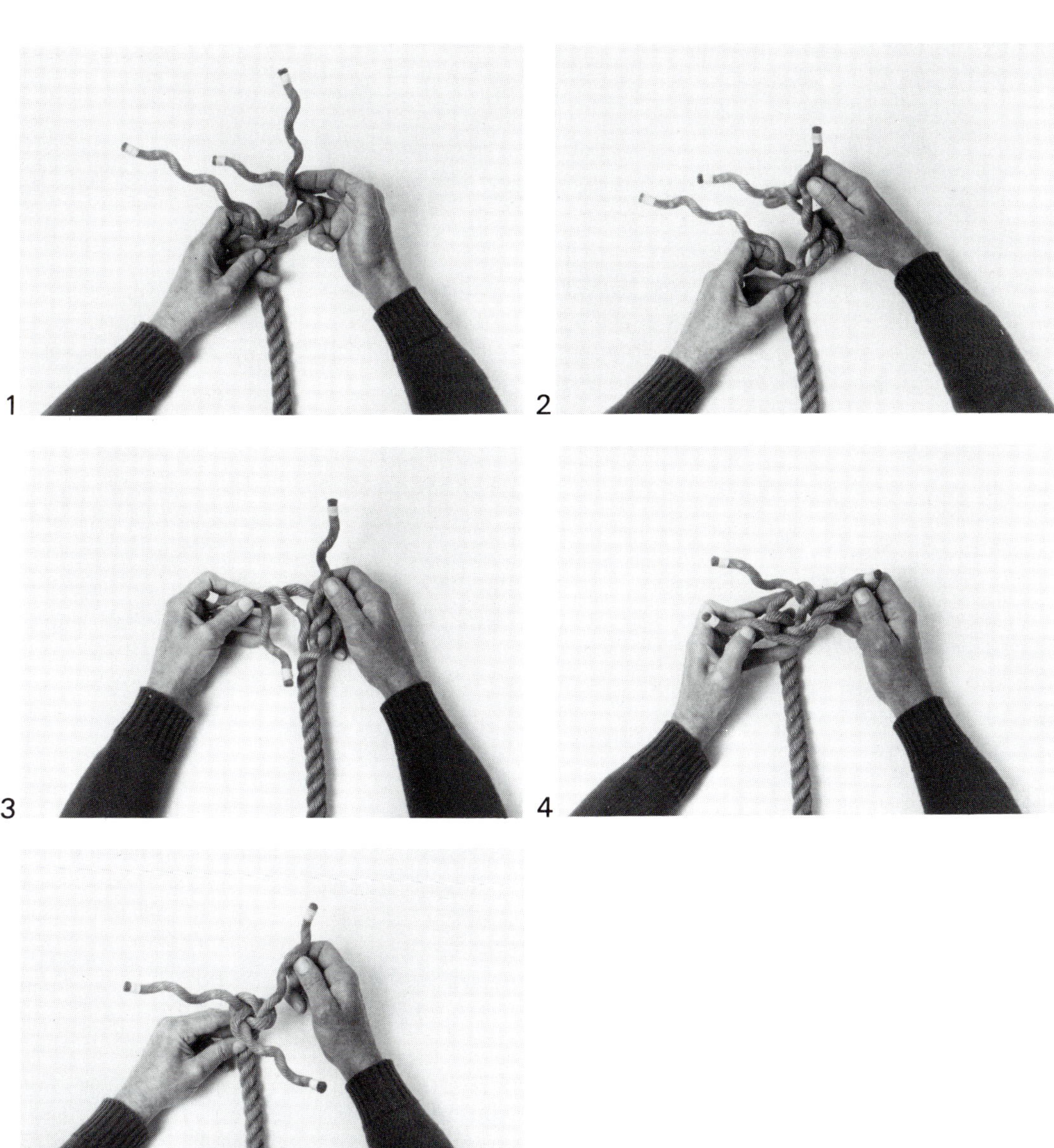

59

Türkischer Bund

Der Türkische Bund ist ein reiner Schmuckknoten, der meist um einen Gegenstand, wie etwa ein Geländer, gebunden wird. Die ersten Schritte werden an der Hand demonstriert, um durch Drehen der Hand zu zeigen, was auf der Hinterseite passiert. In der Praxis wird der Türkische Bund direkt am Gegenstand selbst geknüpft. Für das Fotografieren und aus Gründen der Klarheit wurde das lose Seilende kurz gelassen. In der Praxis muß der Tampen so lang sein, daß der Knoten geknüpft werden kann, ohne daß man Seil nachziehen muß.

Abbildung 1 zeigt die Anordnung des Seils. Dann wird das Ende eingesteckt (Abbildung 2), wodurch die erste Keuzung entsteht. Die Törns auf der Hinterseite der Hand verlaufen parallel (Abbildung 3).

Diese werden nun überkreuzt (Abbildung 4), und das lose Ende wird von rechts nach links zwischen den Törns durchgesteckt (Abbildung 5). Es verbleibt noch eine Öffnung (Abbildung 6), durch die das lose Ende von links nach rechts geführt wird. Wenn man das Werk von der anderen Seite betrachtet (Abbildung 7), stellt man fest, daß sich das lose Ende wieder an seinem Ausgangspunkt befindet. Es liegt in der gleichen Richtung neben dem anderen Ende. An dieser Stelle wurde das Ganze über einen zylinderförmigen Gegenstand gelegt, weil die Rückseite für den weiteren Verlauf unwichtig ist.

Das lose Ende wird nun zum zweiten Mal durch die »Über-unter-Methode« um den Knoten geführt, wobei man sich genau an den Verlauf der ersten Törns hält. Danach kehrt es zu seinem Ausgangspunkt zurück und kommt mit dem Schlag zum Liegen. Das Ende zeigt in die Richtung des nächsten Umlaufs. Der Vorgang wird wiederholt. Abbildung 9 zeigt den fertigen Türkischen Bund. Danach werden die Enden kurz geschnitten und unter die Törns am Ausgangspunkt eingesteckt.

Die Abbildungen zeigen den einfachsten Türkischen Bund. Kunstvollere Versionen entstehen, wenn man die Zahl der Führungen und Törns erhöht. Die Anzahl der Umläufe bleibt natürlich dem individuellen Geschmack überlassen.

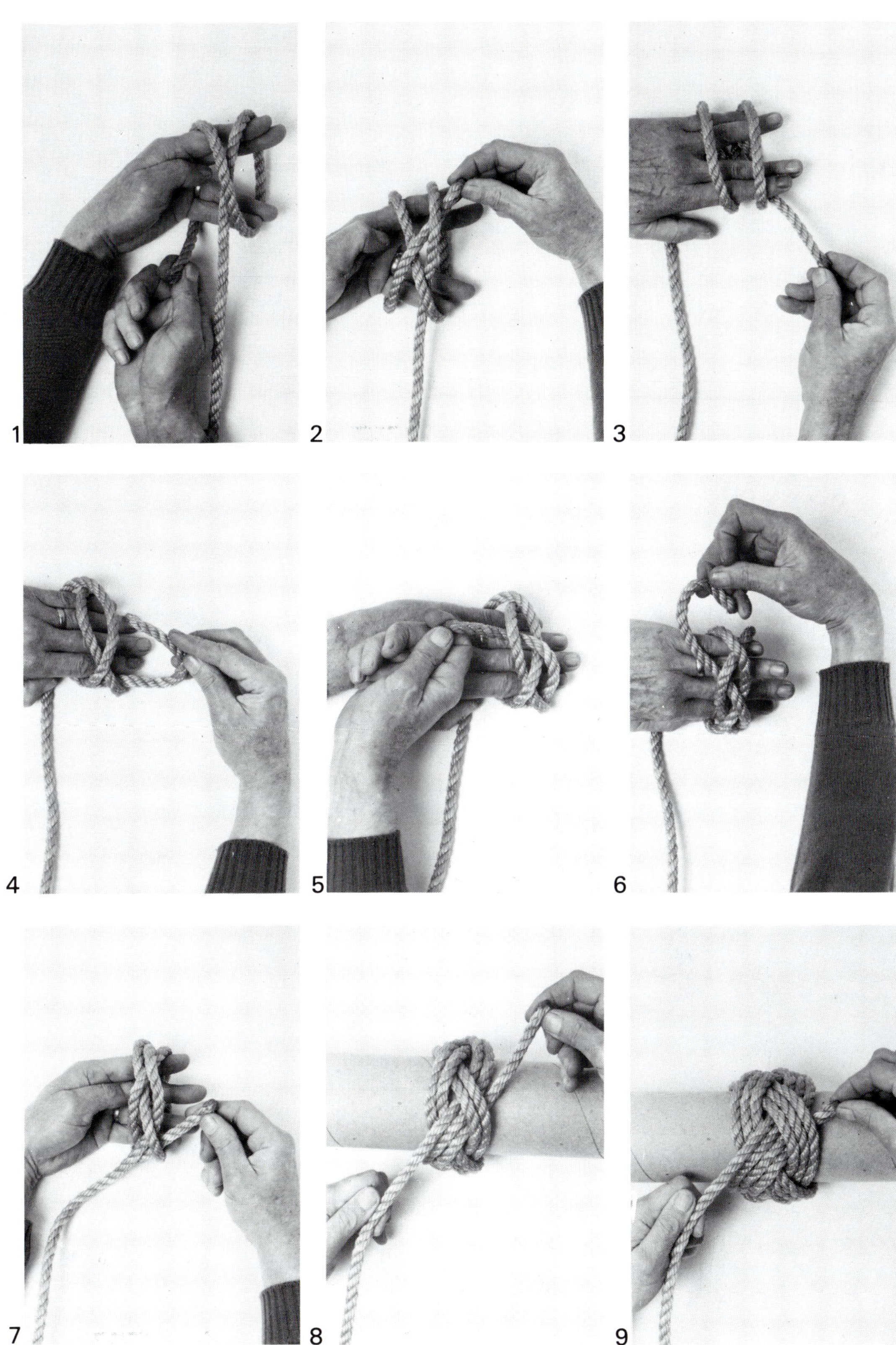

60

Schmückende Verwendung von Wandknoten

Jedes Kardeel wird im Gegenuhrzeigersinn um seinen Nachbarn herumgeführt (Abbildung 1). Das letzte Kardeel wird durch die Bucht des ersten nach oben gesteckt (Abbildung 2). Wenn der Wandknoten richtig geknüpft worden ist, treten die Kardeele getrennt aus dem oberen Teil aus. Ihre Enden deuten nach oben. Eine beliebige Anzahl von Kardeelen kann verwendet werden. Der Knoten kann auch im Uhrzeigersinn gebunden werden.

Doppelwandknoten

Die austretenden Kardeele (Abbildung 3) liegen entlang der vorher ausgebildeten Buchten. Nach einem weiteren Umlauf treten alle Kardeele wieder getrennt aus dem oberen Teil aus. Die Enden zeigen erneut nach oben (Abbildung 4). Der Knoten wurde »flach« dargestellt. Wenn man ihn dichtholt, nimmt er eine vertikale Form an. Die »umlaufenen« Kardeele sitzen auf dem darunterliegenden Wandknoten.

Der Knoten wird mit vier Kardeelen gebunden, kann jedoch auch mit drei Kardeelen eines aufgeschlagenen Taus geknüpft werden.

Laufende Wandknoten

Sie eignen sich auf Grund des hohlen Mittelteils nur als Überzug für einen zylinderförmigen Gegenstand. Die Kardeele werden mit einem Takling am Gegenstand befestigt, und mehrere Wandknoten werden übereinander geknüpft (Abbildung 5A).

Wandplatting

Man erhält eine einigermaßen feste Platting, wenn man laufende Wandknoten ohne Hanfseele bindet. Dabei verwendet man vier Kardeele (Abbildung 5B). Der Knoten kann aber auch mit drei Kardeelen eines aufgeschlagenen Taues geknüpft werden (siehe Einführung).

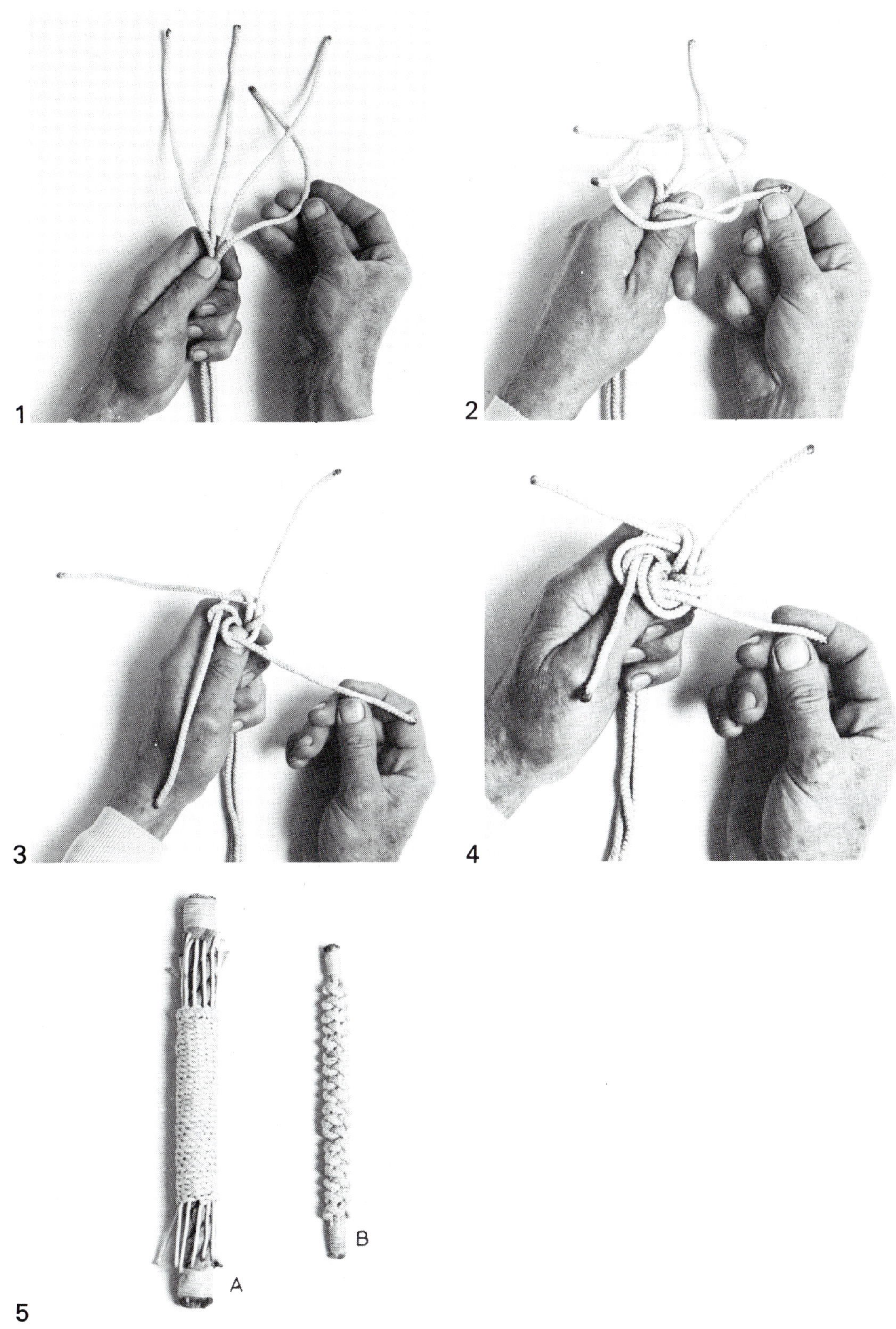
1
2
3
4
5
A
B

61

Schmückende Verwendung von Kronenknoten

Jedes Kardeel wird im Gegenuhrzeigersinn um seinen Nachbarn herumgeführt (Abbildung 1). Das letzte Kardeel wird durch die Bucht des ersten nach unten gesteckt (Abbildung 2). Wenn der Kronenknoten richtig geknüpft worden ist, treten die Kardeele getrennt aus dem unteren Teil aus. Ihre Enden deuten nach unten (Abbildung 3). Der Knoten kann auch im Uhrzeigersinn gebunden werden. Die Zahl der verwendeten Kardeele ist beliebig.

Doppelkronenknoten

Die Krone wird wie in Abbildung 3 dargestellt gebunden. Ein beliebiges Kardeel wird zurückgezogen; das Kardeel macht im Uhrzeigersinn einen Törn um das Kardeel, über das es gelegt ist und wird dann in seine Ausgangsposition zurückgeführt (Abbildung 4). Dieser Vorgang wird mit den anderen drei Kardeelen wiederholt, wobei das letzte durch die Doppelbucht des ersten verläuft (Abbildung 5).

Der Knoten wird normalerweise mit vier Kardeelen gebunden, kann aber auch mit nur drei geknüpft werden.

Laufende Kronenknoten

Dies ist eine weitere Methode, um ein zylinderförmiges Objekt zu überziehen. Hierbei bindet man eine Krone über der anderen (Abbildung 6A).

Spiralenförmige Kronenplatting

Diese Platting entsteht, indem man im Gegenuhrzeigersinn laufende Kronenknoten ohne Hanfseele bindet. Wenn das Ergebnis spiralenförmig sein soll, darf man höchstens vier Kardeele verwenden (Abbildung 6B).

Gerade Kronenplatting

Eine gerade, kettenähnliche Platting entsteht, wenn die Kronen abwechselnd im Uhrzeigersinn und dann im Gegenuhrzeigersinn gebunden werden (Abbildung 6C). Normalerweise mit vier Kardeelen gebunden, ist dieser Kronenplatting auch mit drei möglich.

Wand- und Kronenplatting

Diese Platting entsteht, wenn man abwechselnd Wand- und Kronenknoten bindet, wobei man höchstens vier Kardeele verwendet (Abbildung 6D).

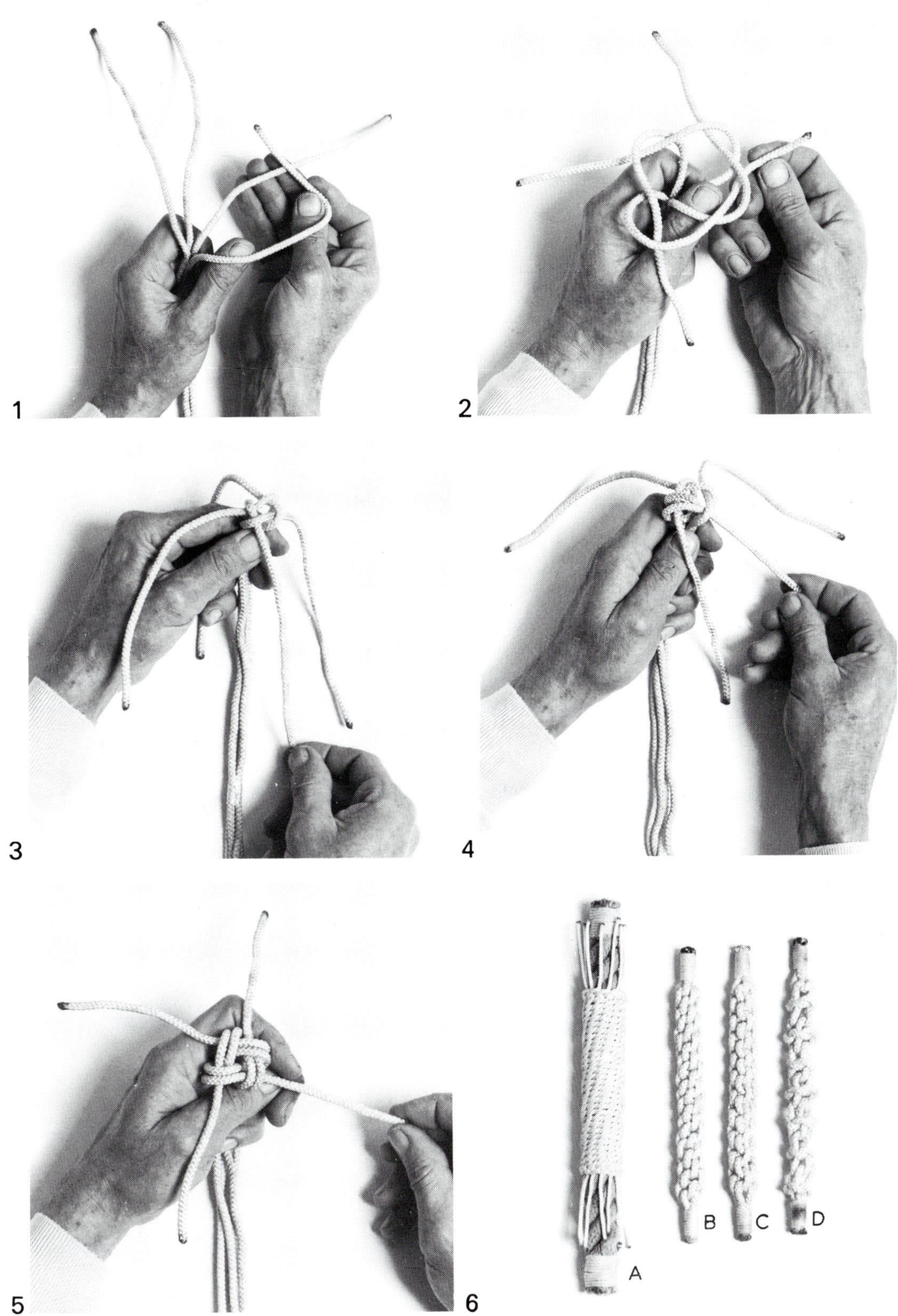
1
2
3
4
5
6
A
B
C
D

62

Diamantknoten aus vier Kardeelen

An jedem Kardeel wird eine Bucht ausgebildet (Abbildung 1). Jedes Kardeel wird im Gegenuhrzeigersinn über die Nachbarbucht genommen und durch die nächste nach oben gebracht (Abbildungen 2 mit 6).

Doppeldiamantknoten

Ausgehend von einem einzelnen Diamantknoten, wird jedes Kardeel »umlaufen«, bis alle wieder aus dem oberen Teil treten. Nachdem der ursprüngliche Knoten dadurch entsteht, daß man eine Bucht umgeht, bevor man das Kardeel durch die nächste nach oben steckt, verläuft jedes umlaufende Kardeel unter zwei Parten und das letzte unter zwei Doppelparten (Abbildung 9B). Der Knoten wird in der Regel mit vier Kardeelen gebunden, ist aber auch mit drei möglich.

Diamantstek

Laufende Diamantknoten kann man zum Beziehen jedes zylinderförmigen Gegenstandes benutzen. Der Stek besteht aus einem Diamantknoten über dem anderen (Abbildung 9A).

Diamantplatting

Diese kann man binden, indem man einen Diamantknoten über dem anderen knüpft. Eine festere Platting entsteht jedoch, wenn man zwischen die Diamantknoten Kronen einfügt. Abbildung 9C zeigt die Einzel- und Doppeldiamantknoten mit den Kronen dazwischen.

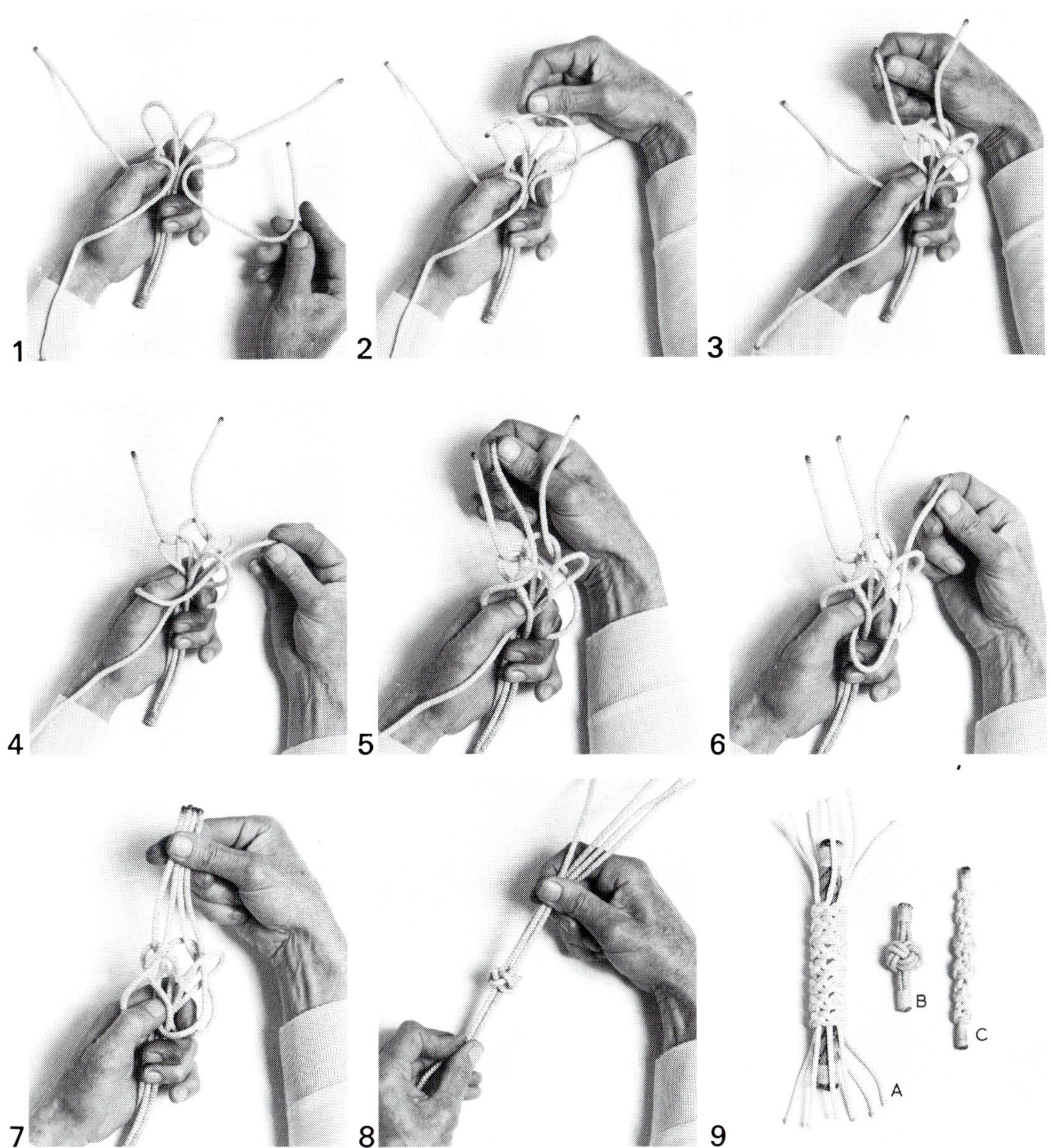
1
2
3
4
5
6
7
8
9
A
B
C

63

Dekorativer Kleeblattknoten

Dieser Knoten ist eine Fortführung des Kleeblattknotens wie er unter Nummer 16 auf Seite 32 dargestellt ist. Er wird geknüpft, indem man drei Buchten und beide Enden nacheinander im Uhrzeigersinn unter ihre Vorgänger steckt (Abbildungen 1 mit 4). Abbildung 5 zeigt das Ergebnis nach Abschluß der ersten Phase und nach dem Dichtholen.

Die Buchten und Enden werden dann mit einer gewöhnlichen Krone versehen (Abbildungen 5 und 6). Der fertige Knoten (Abbildung 7) sieht von hinten und vorne gleich aus. Siehe auch Knoten 16.

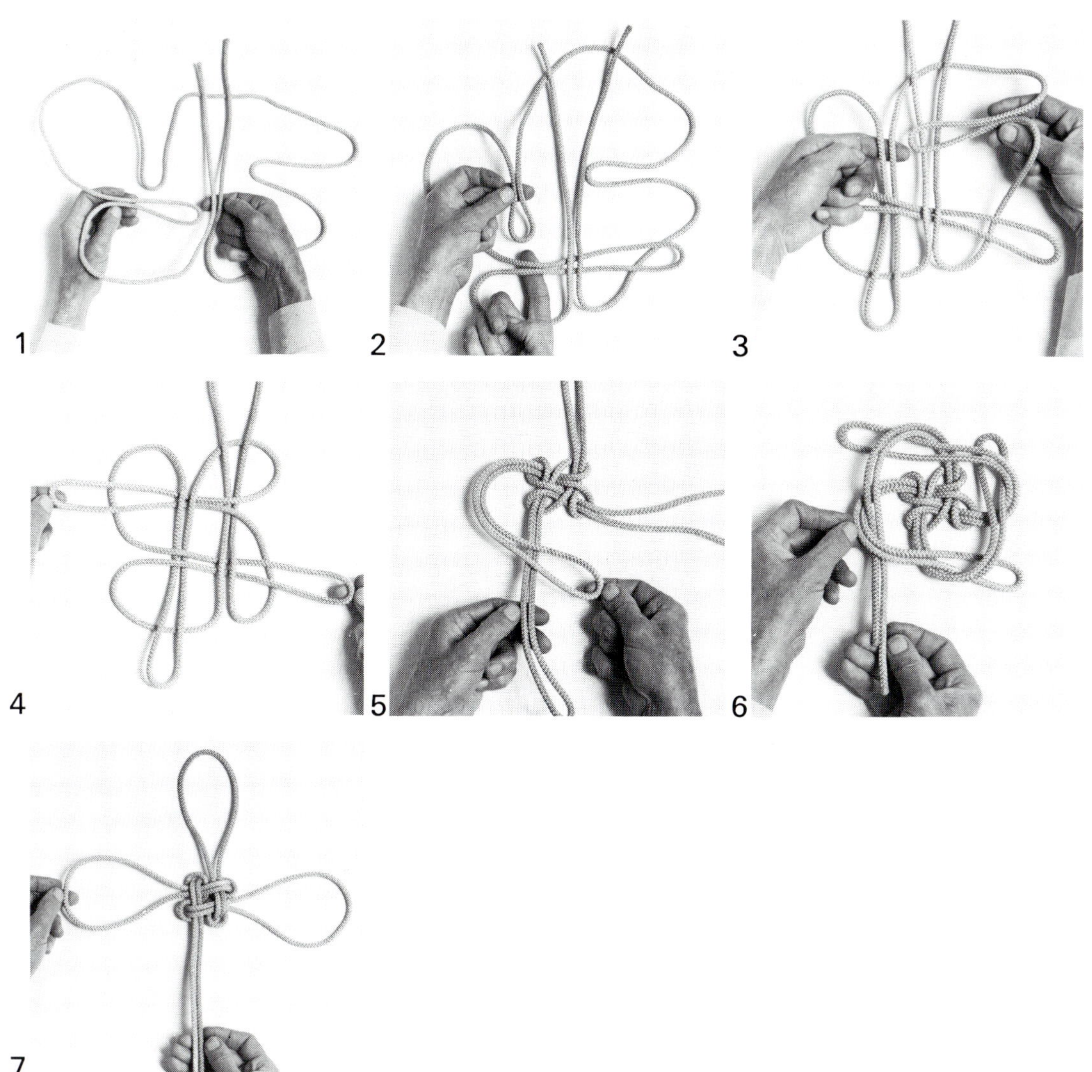

64

Sternknoten

Alle hier verwendeten sechs Kardeele werden rückwärts geschlungen (Abbildungen 1 und 2). Die Enden werden im Gegenuhrzeigersinn durch die nächste Schlinge nach oben gebracht (Abbildungen 3 und 4). Dann werden alle rückwärts gekrönt (Abbildungen 5 und 6). Danach arbeitet man wieder im Gegenuhrzeigersinn.

Jedes Kardeel wird um seine eigene Part herum zurückgelegt und unter dieser nach oben durchgesteckt (Abbildung 7). Dadurch entstehen über den ursprünglichen Schlingen noch sechs weitere (Abbildung 8). Jedes Kardeel liegt entlang dem vorherigen Durchstich und zeigt direkt zu dem jeweiligen Schlingenpaar, durch das es nach unten gesteckt wird (Abbildungen 9 und 10).

Der Knoten wird umgedreht (Abbildung 11). Alle Kardeele folgen wiederum dem vorhergehenden Durchstich (über zwei und durch die Mitte nach unten). Dort treten alle zusammen aus (Abbildung 12).

Je mehr Kardeele man verwendet, desto besser wird das Ergebnis. Bei den Abbildungen wurden wegen der Deutlichkeit nur sechs Kardeele benutzt. Bei weniger Kardeelen ist das Ergebnis nicht zufriedenstellend. Bei vier Kardeelen entsteht der beliebte Vierkantknoten, der – wenn absichtlich geknüpft – freilich ein nützlicher Knoten ist.

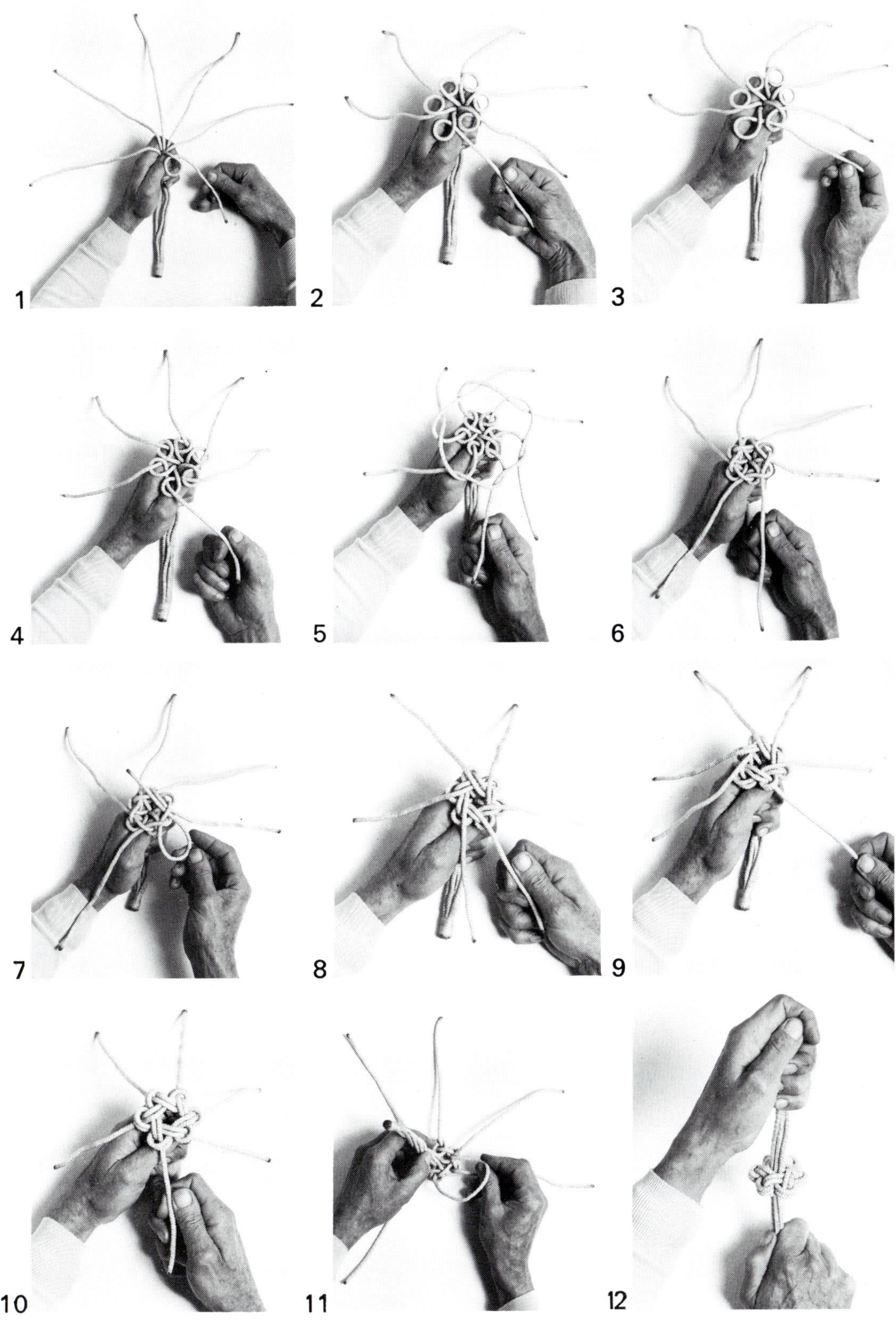
1
2
3
4
5
6
7
8
9
10
11
12

65

Ananasknoten

Zunächst wird eine Krone gebunden (siehe Nummer 61, Seite 116). Dazu wird jedes Kardeel über die Nachbarbucht, unter eine weitere Bucht und durch die nächste nach unten geführt (Abbildungen 1 und 2). Dann wird das Ganze umgedreht und eine rückwärtige Krone gebunden (Abbildung 3). Wird diese dichtgeholt, kommt jedes Kardeel neben dem vorherigen Durchstich zum Liegen (Abbildung 4). Es folgt ein »Umlauf« (Abbildungen 5 und 6). Anschließend wird das Ganze wieder in die Ausgangslage zurückgedreht

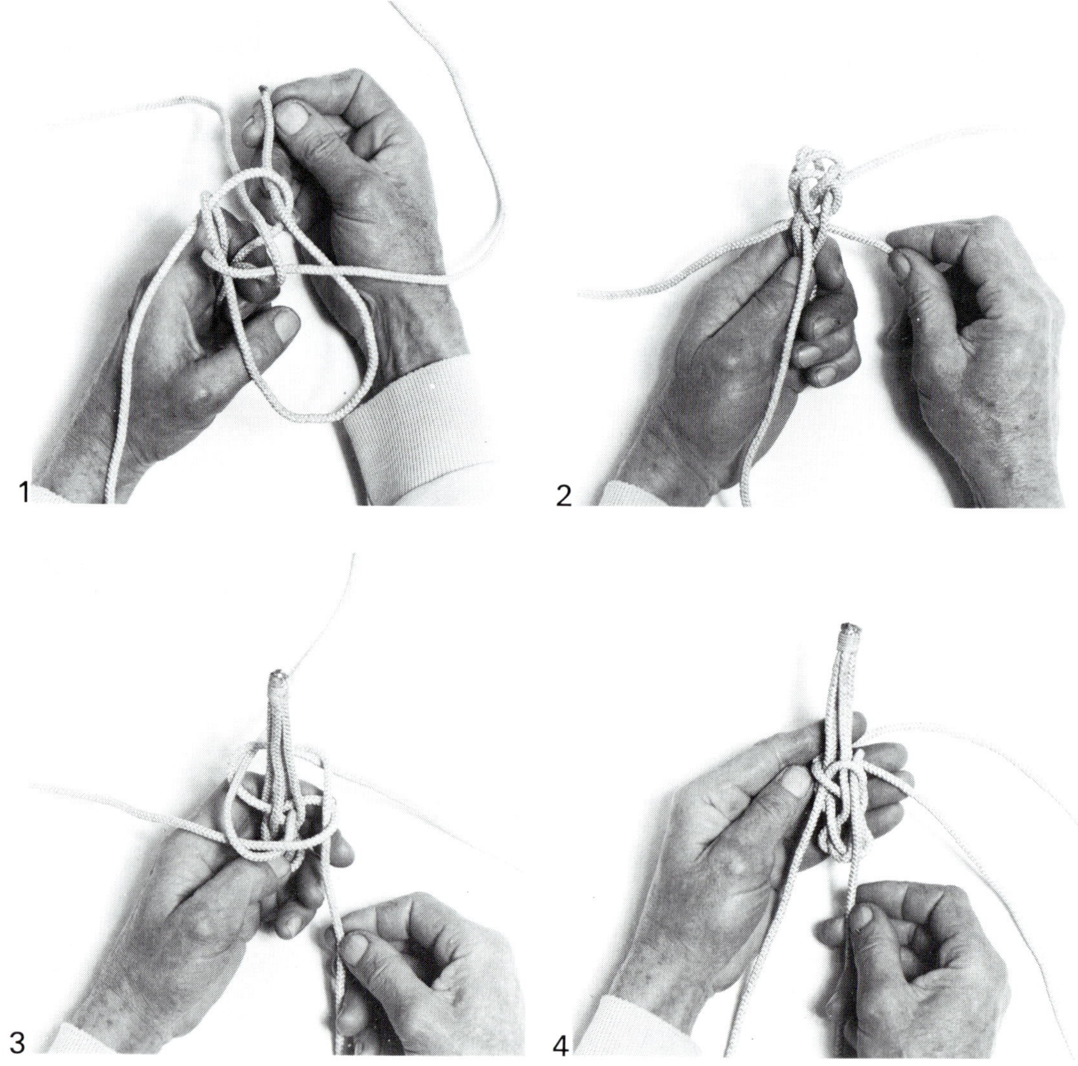

und der »Umlauf« fortgesetzt (Abbildung 7), bis alle Enden nach unten zeigend getrennt aus dem unteren Teil treten. Jetzt werden alle Kardeele durch die Mitte nach oben gesteckt. Abbildung 8 zeigt die gemeinsam austretenden Kardeele.

Wenn der Ananasknoten als Abschluß verwendet wird, kann man die Tampen kurz abschneiden oder zu einer Quaste auskämmen.

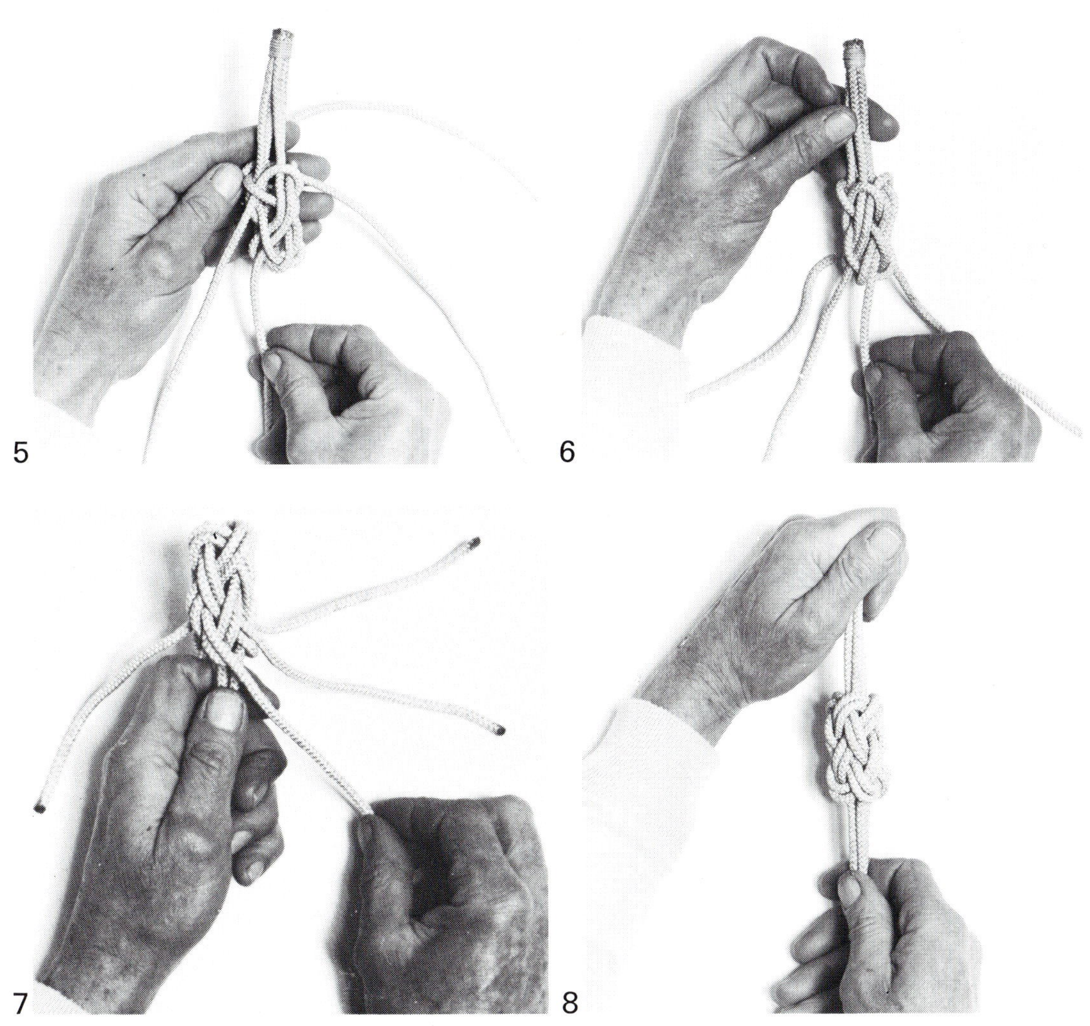

5 6 7 8

66

Rosenknoten

Der Knoten beginnt, wie in den Abbildungen 1 und 2 dargestellt, mit einer »Wand« (siehe Nummer 58), und einer »Krone« (Nummer 57). Darauf folgt ein vollständiger »Umlauf« um die »Wand« (Abbildung 3) und ein »Teilumlauf« um die »Krone« (Abbildung 4). Alle Kardeele werden durch die Mitte nach unten geführt (Abbildung 5), so daß sie getrennt austreten (Abbildung 6). Es wird nochmals ein Wandknoten (Abbildung 7) und dann ein Diamantknoten geknüpft (Nummer 62) (Abbildung 8). Dieser wird dann »umlaufen« (Abbildung 9). Alle Enden werden durch die Mitte nach oben gebracht und kurz abgeschnitten (Abbildung 10).

Wand- und Kronenknoten

Dies ist ein eigenständiger Knoten, der bereits in Abbildung 2 praktisch fertig ist. An dieser Stelle würden die Enden gekürzt werden.

Manntauknoten

Wenn man die »Krone« nach ihrer Fertigstellung (Abbildung 3) vollständig umläuft und die Enden abschneidet, entsteht ein Manntauknoten.

Stopperknoten

Bei diesem Knoten bindet man zunächst eine »Krone« und danach eine »Wand«. Dann werden die beiden »umlaufen« (keine Abbildung).

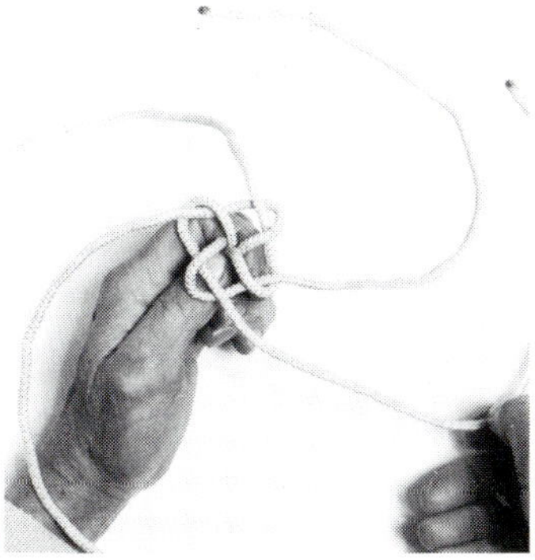

1 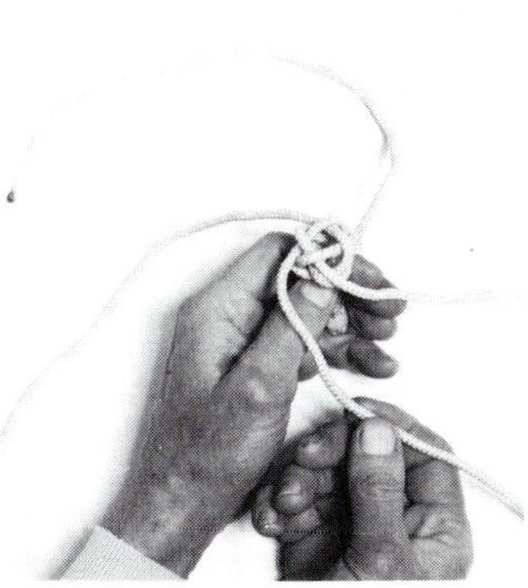 2 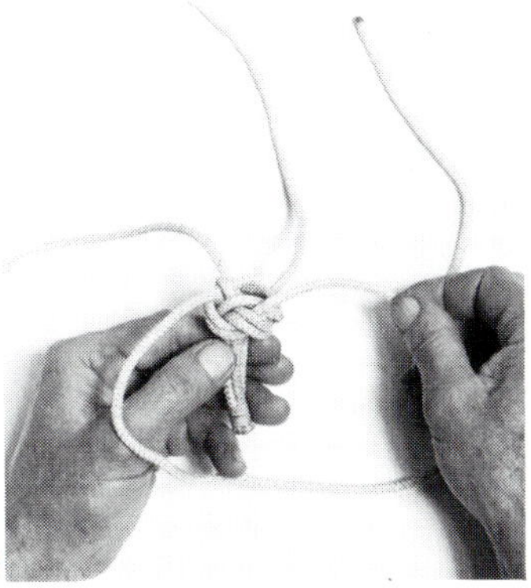 3

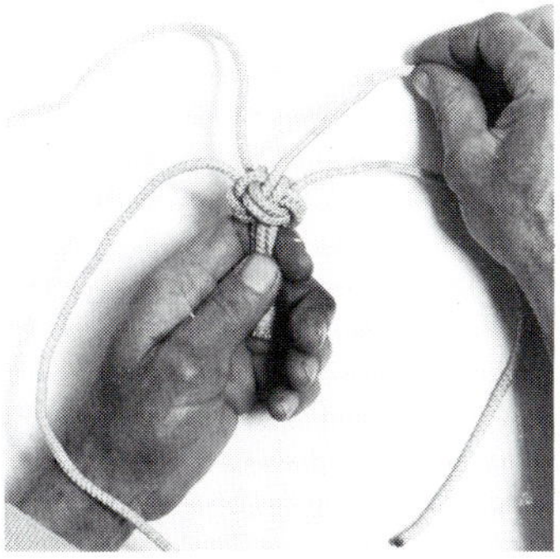

4  5  6

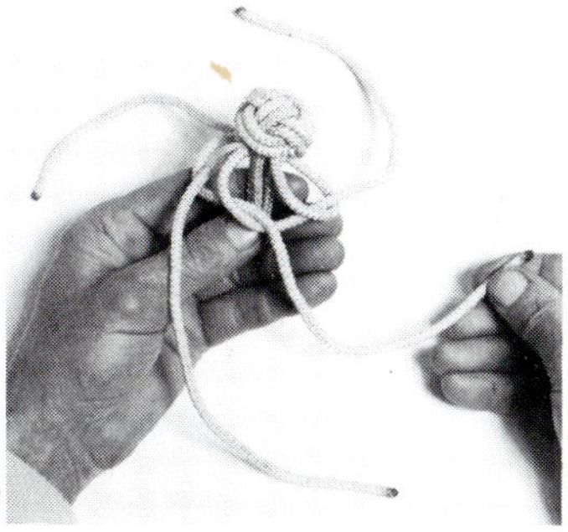

7 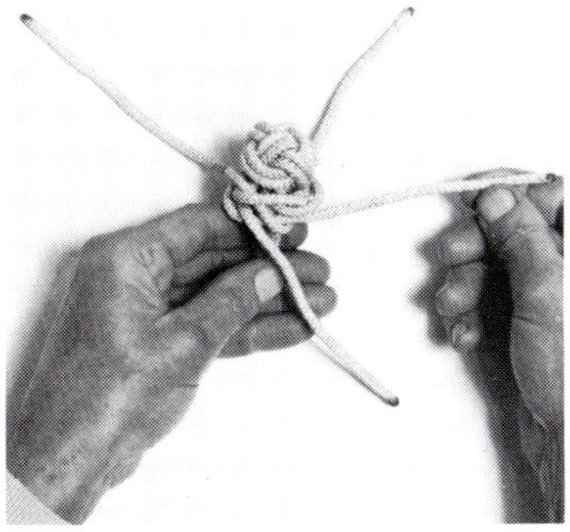 8  9

10

67

Segeltauknoten

Der Segeltauknoten ist ein richtiger »Oldtimer«. Wenngleich er heute nur noch wenig verwendet wird, ist er doch ein nützlicher Schmuckknoten. Auch die modernen Segel haben noch ein Segeltau, obwohl es heute nicht mehr mit einem Segeltauknoten befestigt ist. Dieser Knoten wird immer am Ende eines Taus gebunden und kann leicht mit dem Manntau- oder dem Stopperknoten verwechselt werden.

Im Unterschied zu diesen, besteht der Segeltauknoten aber aus einem doppelt gekrönten Doppelwandknoten (siehe Nummer 61, Seite 116). Abbildung 1 zeigt die Doppelwand und Abbildung 2 die darüberliegende Doppelkrone. Die Enden werden dann nach unten durch den Knoten gesteckt (Abbildung 3), verjüngt und schließlich bekleedet (Abbildung 5).

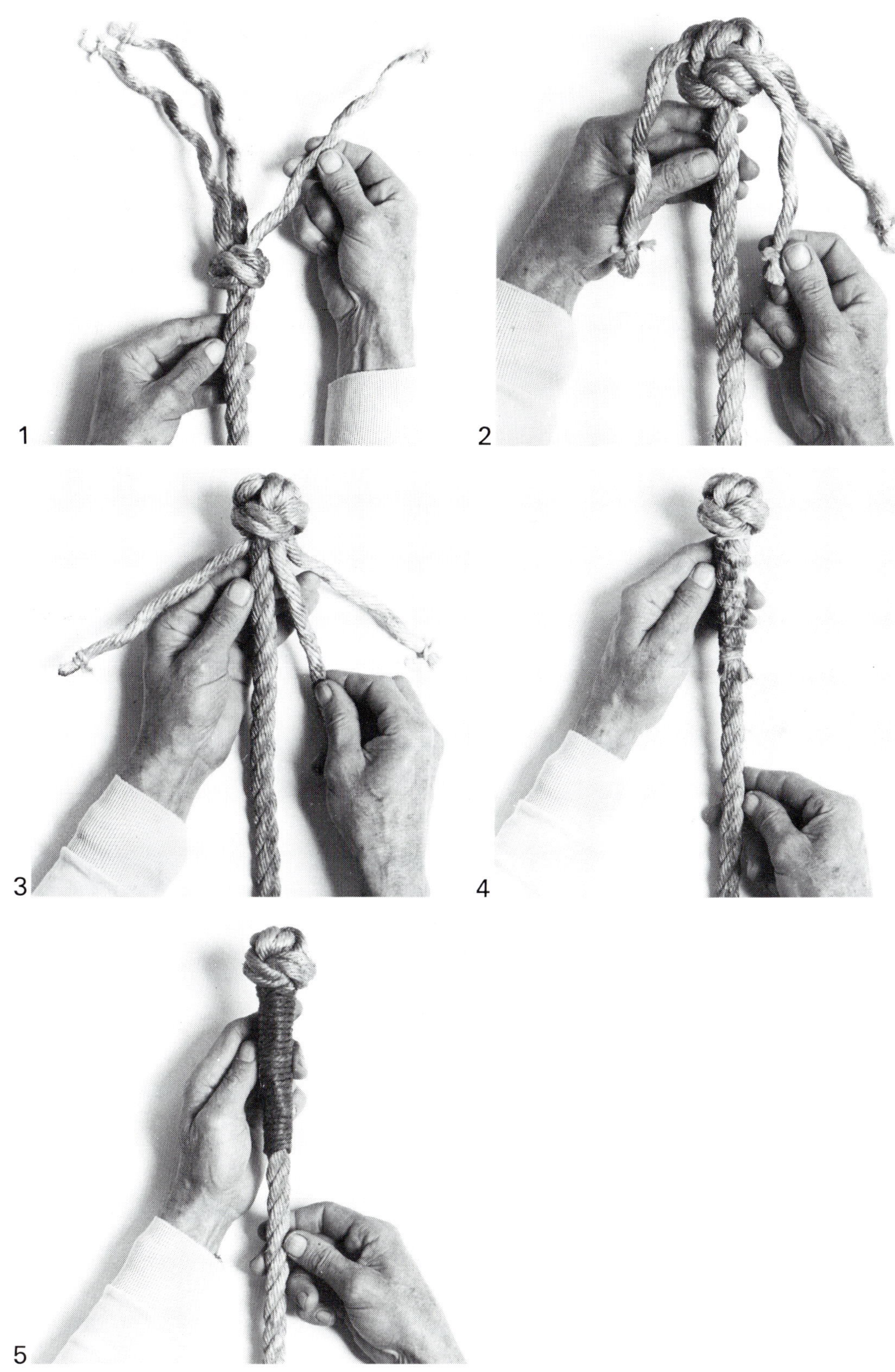
1
2
3
4
5

68

Matthew-Walker-Knoten

Der einfache und doppelte Matthew-Walker-Knoten wird gewöhnlich an einer bestimmten Stelle an einem geschlagenen Tau gebunden. Das Tau wird dann wie abgebildet wieder in Form gebracht. Der Matthew-Walker-Knoten kann aber auch an einem Ende geknüpft werden, das dann betakelt oder sogar mehrkardeelig ist.

Um einen einfachen Matthew-Walker zu binden, wird irgendein Kardeel unter den anderen beiden herumgeführt, dabei wird eine Bucht beibehalten (Abbildung 1). Das zweite Kardeel wird herumgelegt und durch diese Bucht nach oben geführt, wobei eine zweite Bucht beibehalten wird (Abbildung 2).

Dann wird das dritte Kardeel herumgeführt, durch die erste Bucht (Abbildung 3) nach oben und dann durch die zweite Bucht ebenfalls nach oben (Abbildung 4) geführt. Abbildung 9A zeigt den fertigen Knoten, nachdem er dichtgeholt worden ist.

Doppelter Matthew-Walker-Knoten

Es wird ein beliebiges Kardeel unter den anderen beiden herumgeführt und durch seine eigene Bucht nach oben gesteckt (Abbildung 5). Das zweite Kardeel wird herumgelegt, zuerst durch diese Bucht (Abbildung 6) und dann durch seine eigene Bucht (Abbildung 7) nach oben gesteckt. Das letzte Kardeel wird herumgelegt, nacheinander durch diese beiden Buchten geführt und schließlich durch seine eigene Bucht nach oben gesteckt (Abbildung 8). Abbildung 9B zeigt den fertigen Knoten, nachdem er dichtgeholt worden ist.

Anmerkung

Diese Knoten bindet man normalerweise in der Hand. Um den Vorgang besser darstellen zu können, wurden sie jedoch flach ausgelegt.

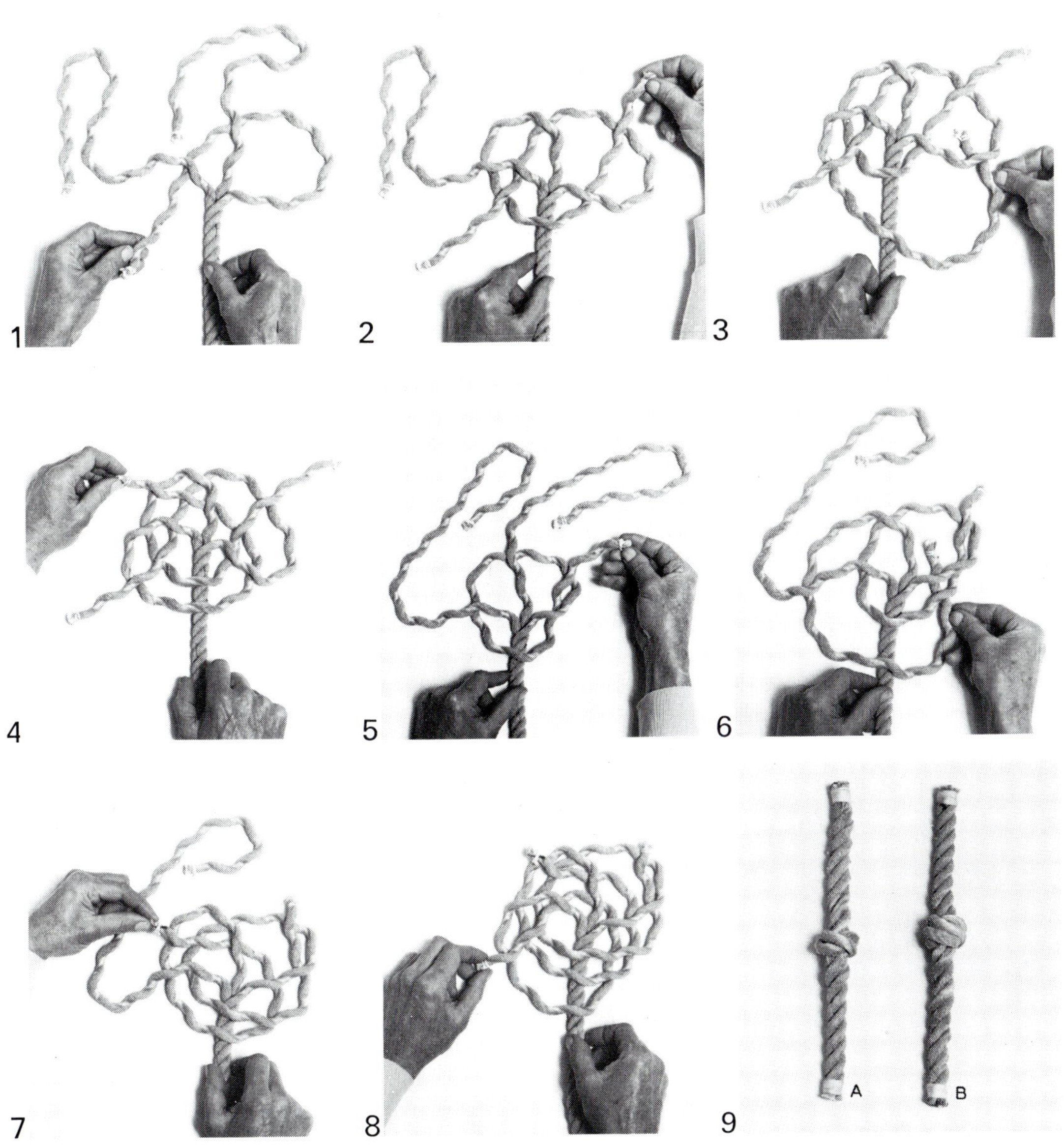
1
2
3
4
5
6
7
8
9
A
B

Plattings

Gleich ob die Plattings nun flach, rund, viereckig, spiralenförmig, einfach, englisch, französisch, portugiesisch oder russisch sind, man kann sie in drei Hauptgruppen untergliedern:

- Plattings, die mit einer beliebigen Anzahl von Kardeelen geflochten werden;
- Plattings, die nur mit einer ungeraden Zahl gebildet werden können;
- Plattings, für die eine gerade Kardeelzahl erforderlich ist.

Die Rechteckplatting ist eine Ausnahme, weil sie neben der geraden eine bestimmte Kardeelzahl benötigt; sie kann nur mit acht, zwölf oder sechzehn Kardeelen oder aber einem Vielfachen dieser Zahl geflochten werden. Mindestens sind jedoch acht Kardeele erforderlich.

Für die Gruppe der ungeraden Plattings, gilt eine Faustregel: Die Kardeele werden so verteilt, daß auf der einen Seite ein Kardeel mehr liegt als auf der anderen. Dadurch entstehen gerade und ungerade Seiten. Danach beginnt man immer auf der geraden Seite mit den äußeren Kardeelen. Diese werden über die Mitte geführt und innerhalb der vorhergehenden ungeraden Zahl abgelegt. Dadurch wechseln sich die ungeraden und geraden Seiten im Flechtvorgang ab.

69

Kettenstekplatting

Die Kettenplatting wird manchmal auch Trommlerplatting genannt, weil sie zur Verzierung dieser Instrumente verwendet wurde. Man beginnt mit einem Überhandknoten, wobei eine Seite eine Bucht ist und kein Tampen.

Dann hebt man Bucht durch Bucht so oft (Abbildungen 3 und 4), bis der Stek die gewünschte Länge hat. Als Abschluß wird der Tampen durch die letzte Bucht geholt. Abbildung 5 stellt die fertige Kettenplatting dar.

1

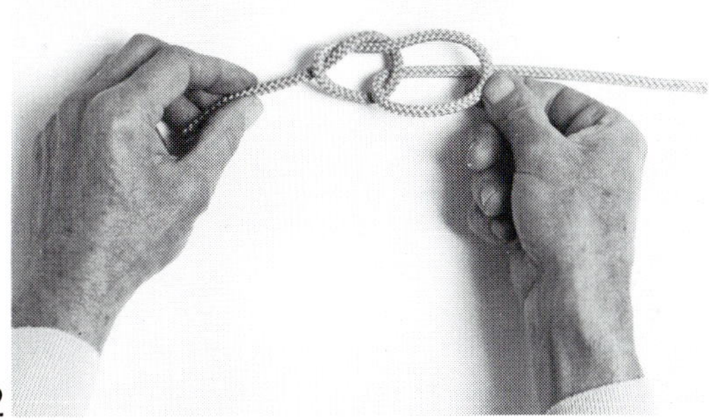

2

3

4

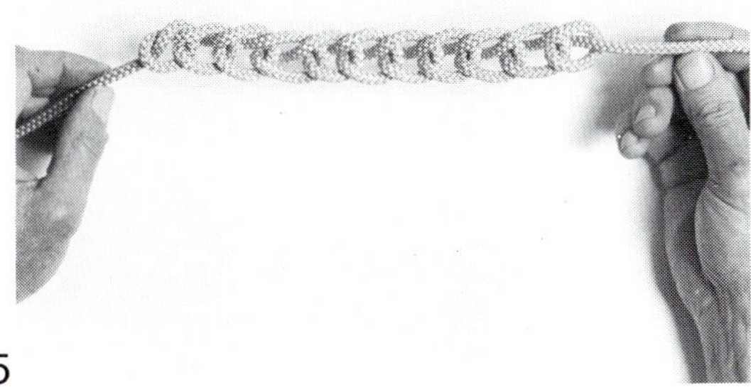

5

70

Doppelte Kettenstekplatting

Der Achtknoten ist ein eigener Knoten. Diese Platting ist einfach eine Reihe miteinander verwobener Achtknoten. Die Abbildungen 1 bis 5 zeigen das Knüpfen der ersten beiden Achtknoten. Danach wird der Vorgang so lange wiederholt, bis die Platting die gewünschte Länge hat.

Es bleibt dem Geschmack überlassen, wie stark die Kettenplatting gespannt wird. In der Abbildung 6 wurde die fertige Platting locker gelassen.

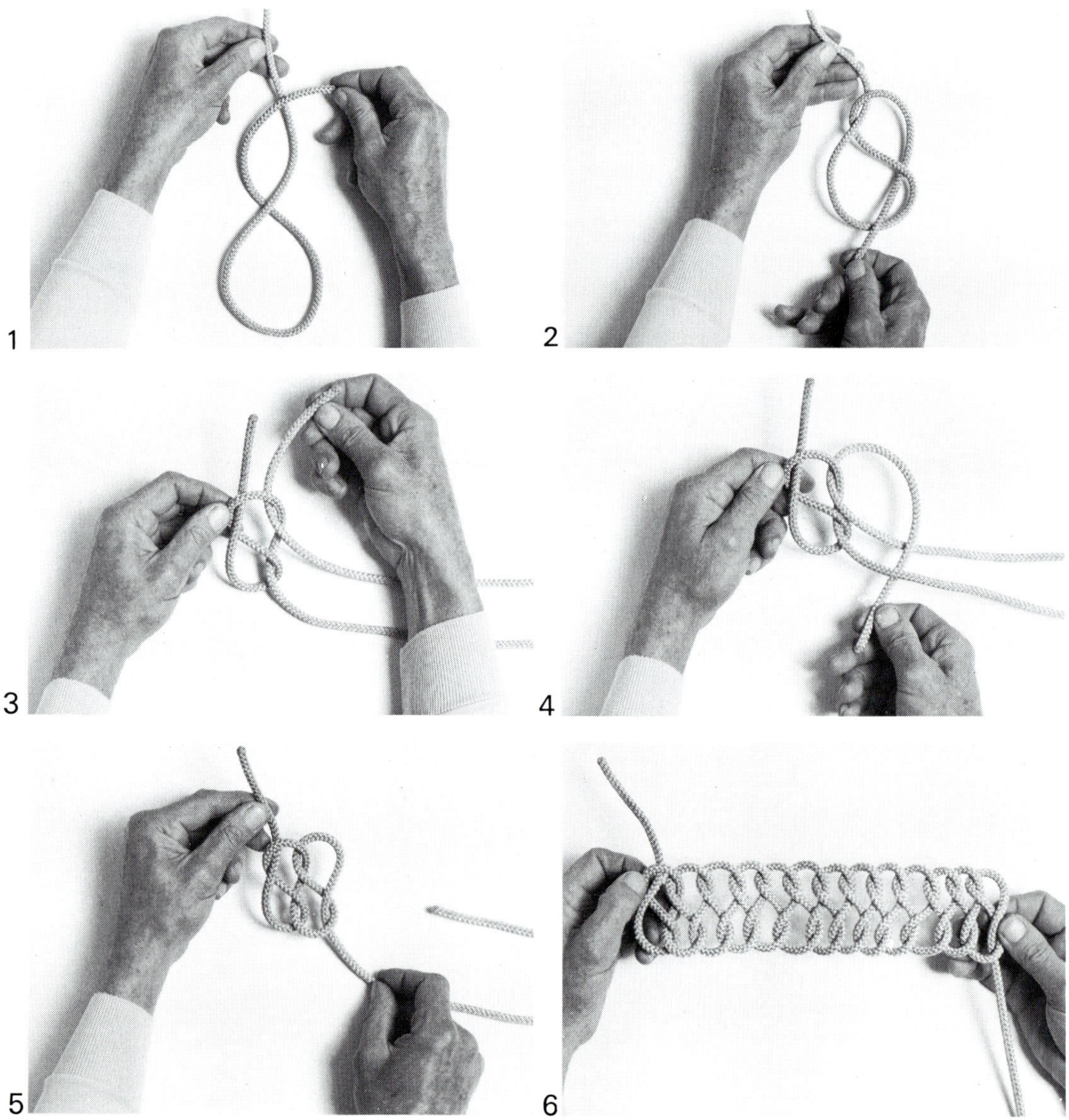

1 2 3 4 5 6

71

Überhandknotenplatting aus acht Kardeelen

Wie bei der vierkardeeligen Version kann diese Platting an den Enden von acht oder an den Buchten von vier Kardeelen geknüpft werden. Sie ist eine doppelte Version der vierkardeeligen Platting, bei der man Überhandknotenpaare verwendet. Man muß sorgfältig vorgehen, um eine symmetrische Form zu erhalten.

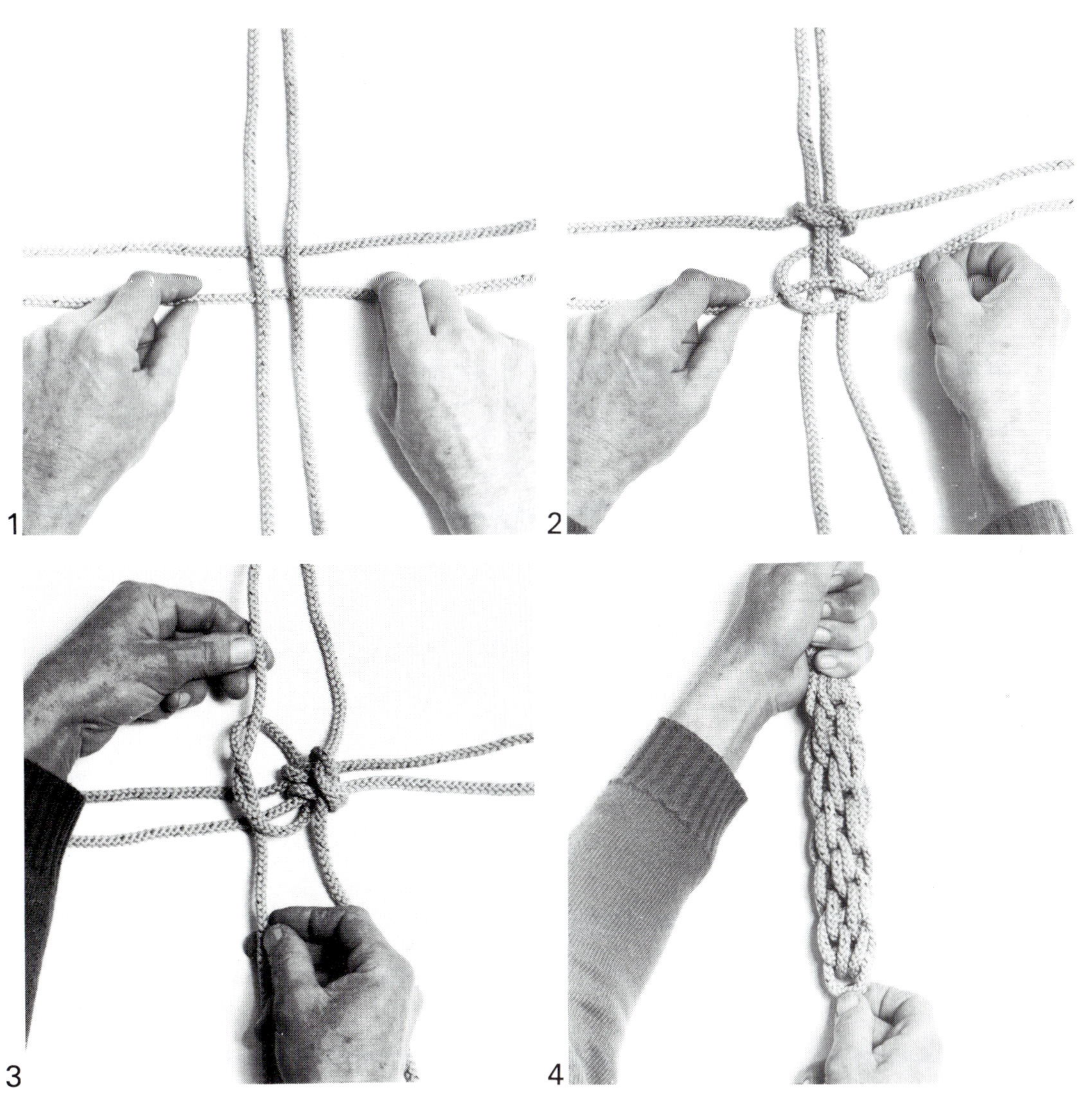

1 2 3 4

72

Vierkantplatting

Diese Platting ähnelt einer Rechteckplatting aus acht Kardeelen, kann aber leicht aus einem Einzelkardeel geflochten werden.

Ein Tom-Fool-Knoten (siehe Nummer 12, Seite 26) wird gebunden (Abbildung 1). Danach wird die Bucht der stehenden Part durch die rechte Schlinge gezogen, wo man sie festzieht, indem man ein Kardeel der linken Schlinge zurückholt (Abbildung 2).

Der Vorgang wird mit der Bucht durch die linke Schlinge wiederholt (Abbildung 3). Auch diese wird durch ein Kardeel der rechten Schlinge dichtgeholt. Dies setzt man abwechselnd links und rechts so lange fort, bis die Platting die gewünschte Länge hat (Abbildung 4).

Um das Aufdröseln der Platting zu verhindern, wird anstelle der Bucht ein Tampen durch die vorletzte Schlinge geführt und durch die letzte zurückgesteckt (Abbildung 5). Abbildung 6 zeigt die fertige Platting.

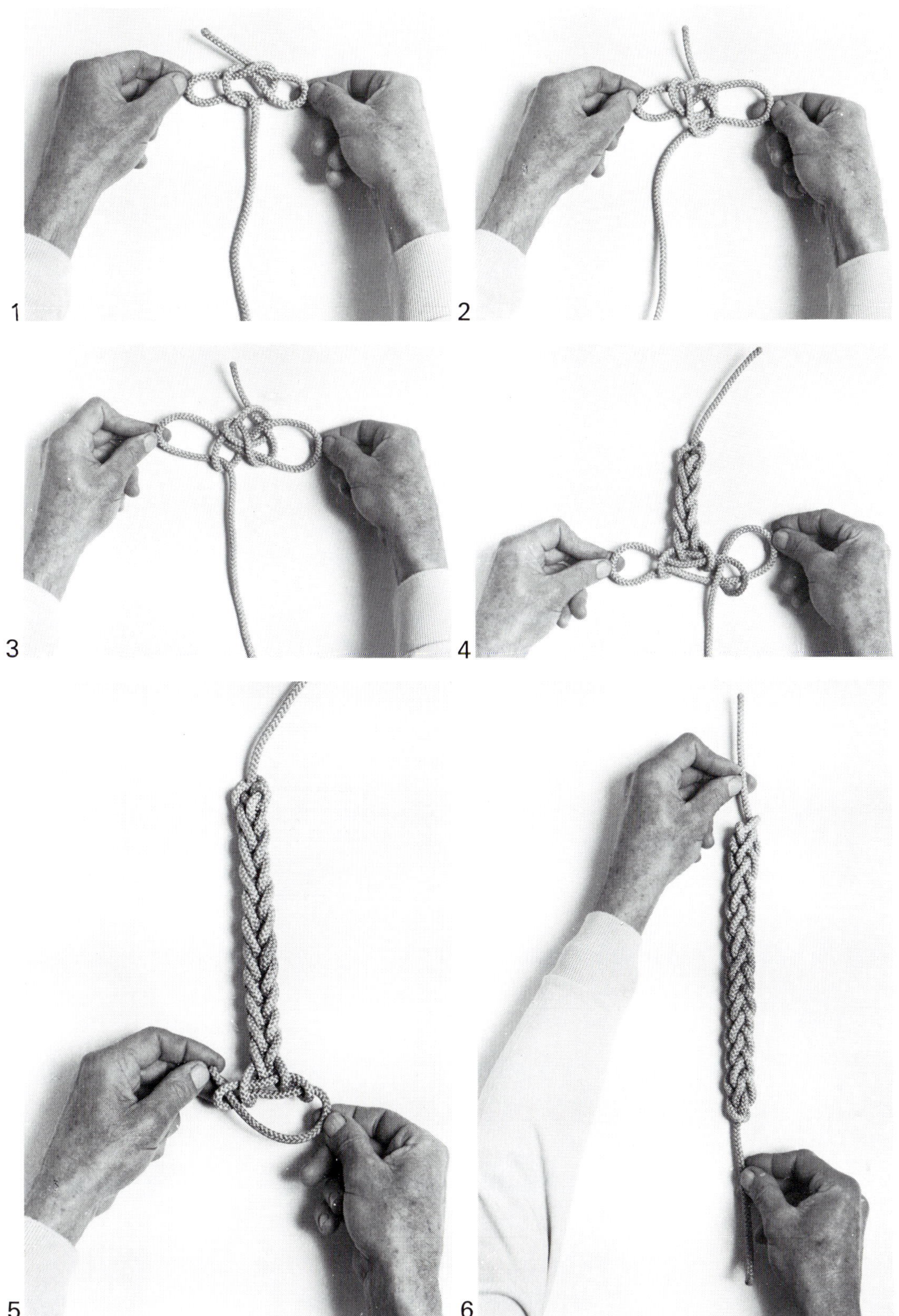
1
2
3
4
5
6

73

Twistplatting

Die Länge der Platting wird durch die Größe der Bucht bestimmt (Abbildung 1). Die Bucht wird dann im Uhrzeigersinn gedreht (Abbildung 2) und der Tampen nach links durchgesteckt (Abbildung 3). Darauf wird die Bucht im Gegenuhrzeigersinn gedreht (Abbildung 4) und der Tampen nach rechts durchgesteckt (Abbildung 5). Der Vorgang wird so lange wiederholt, bis die gewünschte Länge erreicht ist (Abbildung 6).

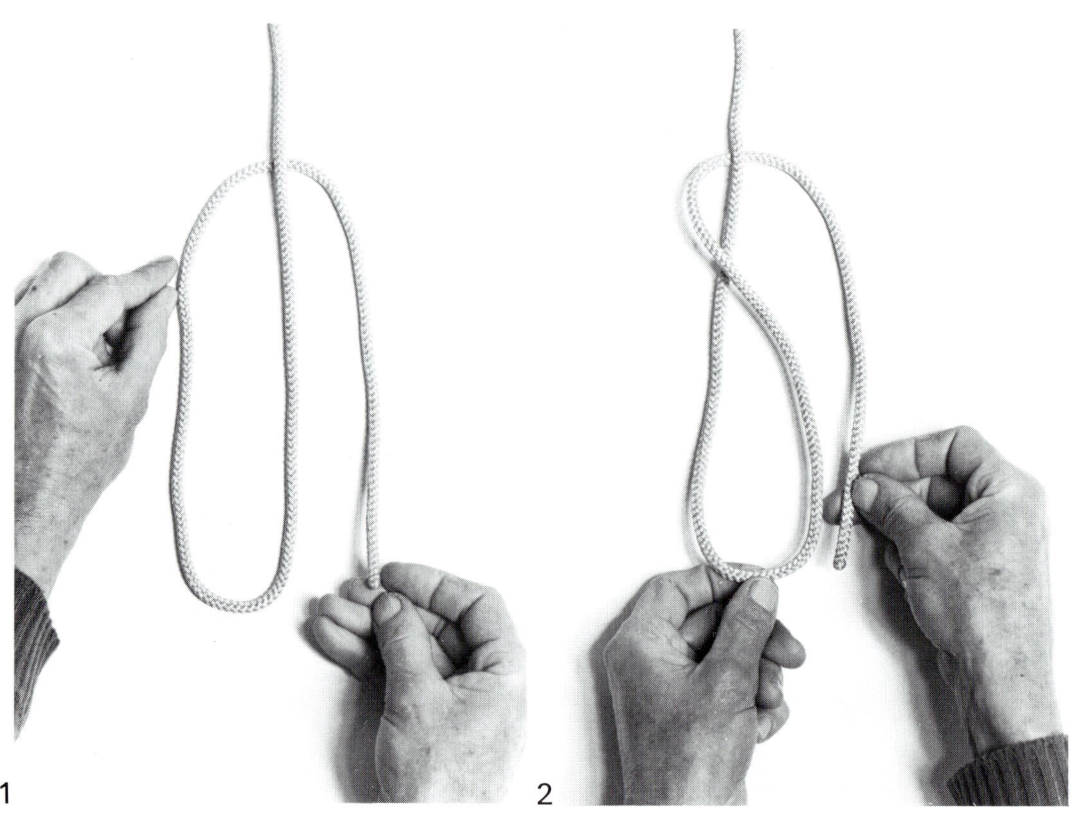

1 2

3
4
5
6

74

Überhandknotenplatting aus vier Kardeelen

Diese Platting kann aus vier verbundenen Einzelkardeelen geflochten werden. Die hier dargestellte Methode verwendet zwei Kardeele, die in der Mitte im rechten Winkel überkreuzt werden.

Am unteren Kardeel wird ein Überhandknoten (Daumenknoten) geknüpft, wodurch das obere Kardeel festgeklemmt wird (Abbildung 1). Das obere Kardeel wird dann auf die gleiche Weise um den ersten Knoten gebunden (Abbildung 2). Der Vorgang wird so lange fortgesetzt, bis die gewünschte Länge erreicht ist (Abbildung 3).

Diese Platting gehört sicherlich zu den einfachsten ihrer Art. Um ein gleichmäßiges, symmetrisches Muster zu erhalten, muß jeder Knoten die gleiche Richtung haben, d.h., wenn die ersten Knoten links über rechts geknüpft wurden, muß diese Richtung beibehalten werden. Man kann das Muster abändern, indem man abwechselnd links über rechts und rechts über links knüpft. Auch hier muß die Reihenfolge eingehalten werden. Welche Methode man wählt, ist eine Frage des Geschmacks und der Übung.

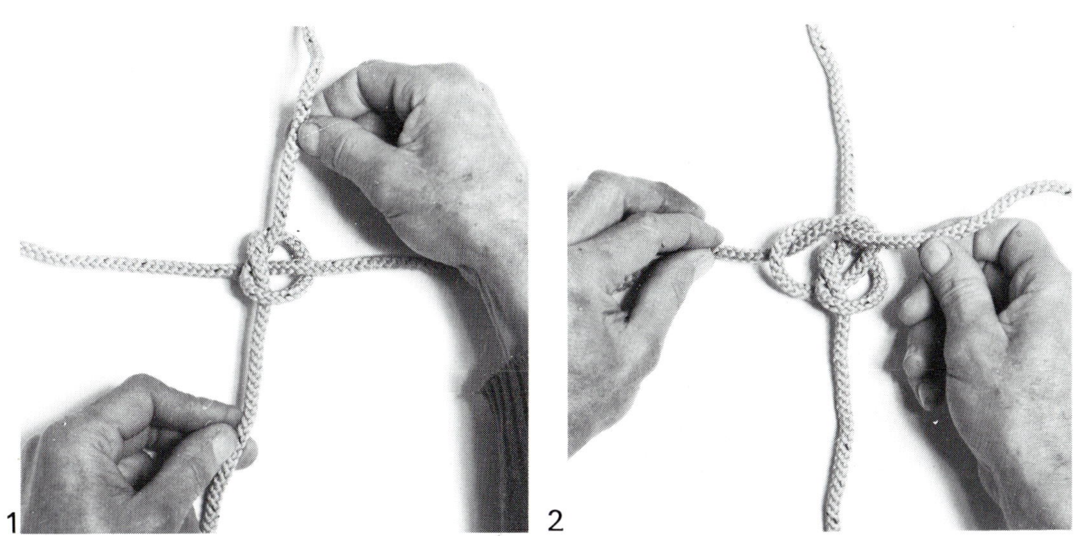
1
2

3

75

Einfache, dreikardeelige Platting

Diese ungerade Platting ist die einfachste ihrer Art. In großer Länge hergestellt, eignet sie sich bestens für Matten.

Zwei Kardeele werden auf der rechten und eines auf der linken Seite ausgelegt. Dann wird das äußerste rechte Kardeel zur Innenseite des linken Kardeels gekreuzt (Abbildung 1). Danach wird das äußere linke Kardeel über das innere rechte geführt (Abbildung 2). Das neue äußere rechte Kardeel wird zurückgelegt und bildet dann das innere linke (Abbildung 3).

Alle drei Kardeele sind nun einmal bewegt worden. Abbildung 4 zeigt die dichtgeholten Kardeele. Danach wird der Vorgang wiederholt, bis die gewünschte Länge erreicht ist (Abbildung 5).

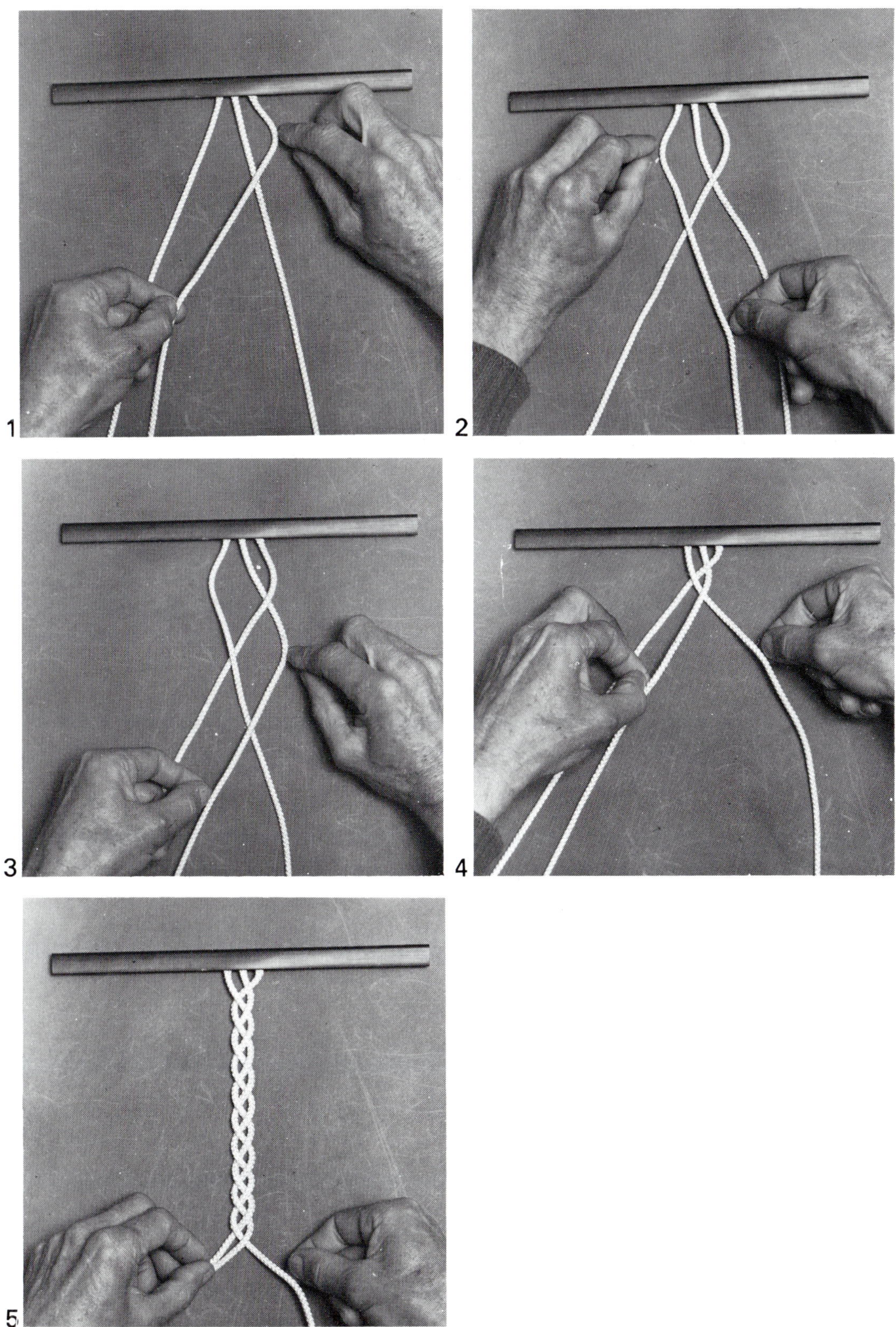

76

Einfache, siebenkardeelige Platting

Auch dies ist eine ungerade Platting. Sie ist eine verfeinerte Version der dreikardeeligen Platting, deren Regeln auch hier Anwendung finden.

Die Abbildungen 1 mit 4 zeigen die Bewegungen der ersten vier Kardeele. Das Prinzip des Schlages wird dann in gleicher Weise fortgesetzt. In Abbildung 5 sind alle sieben Kardeele lose miteinander verflochten und der Vorgang wird rechts fortgesetzt. Abbildung 6 zeigt die fertige Platting.

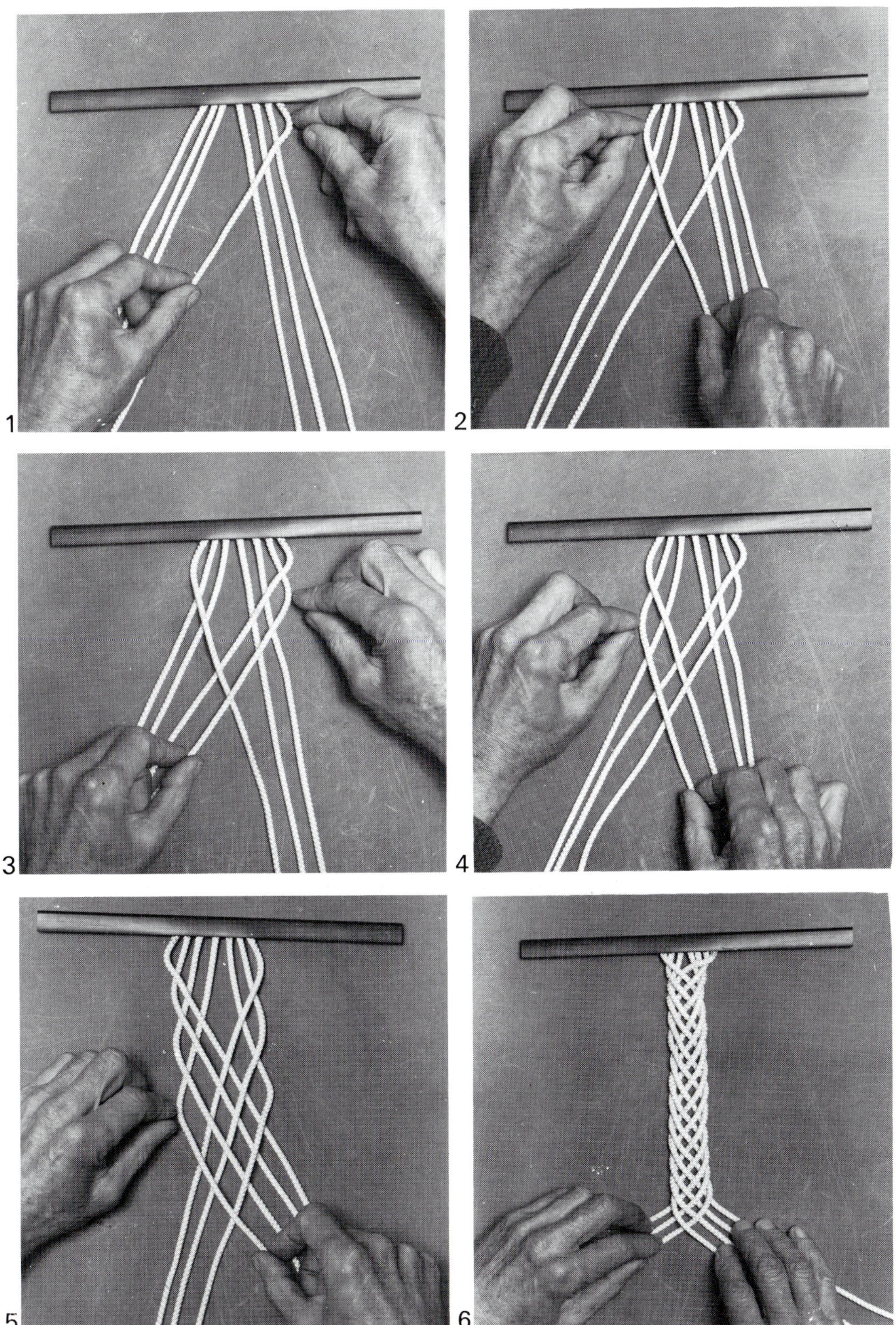

77

Sechskardeelige Rundplatting

Diese Platting kann mit vier oder mehr Kardeelen geknüpft werden. Normalerweise wird sie vertikal gebunden. Aus Gründen der Klarheit wird sie in der Abbildung aber »flach« dargestellt.

Die Platting entsteht, indem man die Kardeele abwechselnd im Gegenuhrzeigersinn um und über ihre unmittelbaren Nachbarn führt. Abbildung 1 zeigt das erste Kardeel, Abbildung 2 alle drei Kardeele. Danach werden alle nach unten gezogen. Drei Kardeele bleiben »oben« (Abbildungen 3 und 4). Diese Kardeele werden im Uhrzeigersinn über die »nach unten gehaltenen« Kardeele geführt, die bei dieser Gelegenheit dann losgelassen werden. Abbildung 5 zeigt das erste Kardeel und Abbildung 6 alle drei Kardeele, bevor die im Uhrzeigersinn geführten Kardeele dann »nach unten gehalten« werden (Abbildungen 7 und 8). Die ersten drei werden dann wieder im Gegenuhrzeigersinn bewegt. Dieser Vorgang wird wiederholt, bis die Platting Form angenommen hat (Abbildung 9). Abbildung 10 zeigt die fertige Rundplatting.

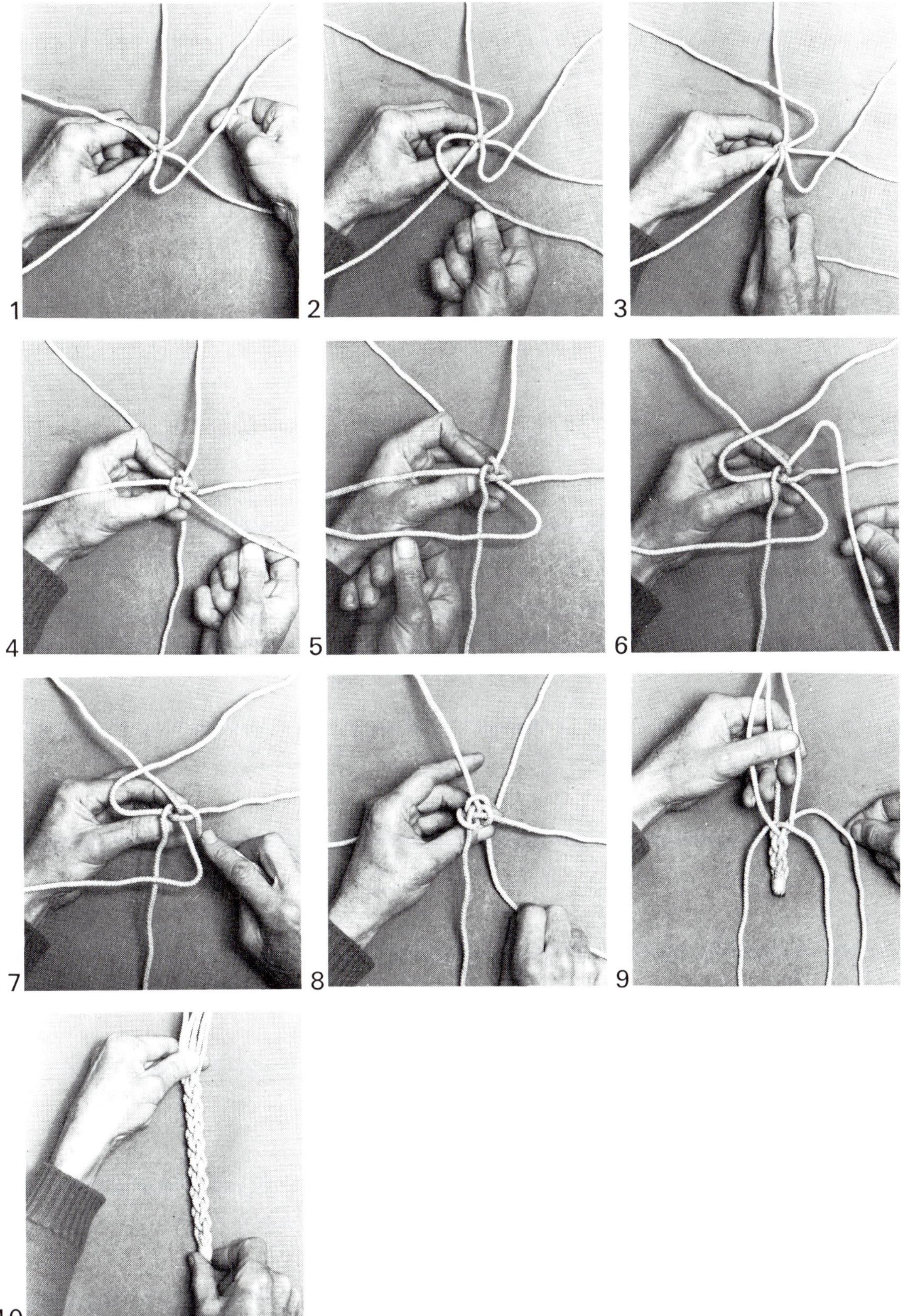
1
2
3
4
5
6
7
8
9
10

78

Achtkardeelige Rechteckplatting

Diese Platting muß mit einer geraden Anzahl von Kardeelen gebunden werden. Sie kann auch aus zwölf oder sechzehn Kardeelen bestehen. In der Abbildung wurde die Mindestkardeelzahl verwendet, um das Grundprinzip darzustellen.

Die Kardeele werden in zwei gleichgroße Gruppen geteilt (Abbildung 1). Das äußerste rechte Kardeel wird unter den Kardeelen seiner Teilgruppe und unter zwei Kardeelen der anderen Vierergruppe durchgeführt. Dann wird es durch die Mitte der linken Vierergruppe nach oben gesteckt (Abbildung 2) und dichtgeholt (Abbildung 3), bevor es auf seine eigene Seite zurückgeführt wird. Dort wird es auf der Innenseite der verbleibenden drei Kardeele abgelegt (Abbildung 4). Mit dem äußersten linken Kardeel wird ebenso verfahren. Es taucht zwischen den vier rechten Kardeelen auf (Abbildungen 5 und 6), bevor es auf seine eigene Seite zurückgeführt wird (Abbildung 7). Die Platting wird fortgeführt, indem man abwechselnd mit den äußersten Kardeelen arbeitet (Abbildung 8) und diese dann dichtholt (Abbildung 9). Der Vorgang wird fortgesetzt, bis die gewünschte Länge erreicht ist (Abbildung 10).

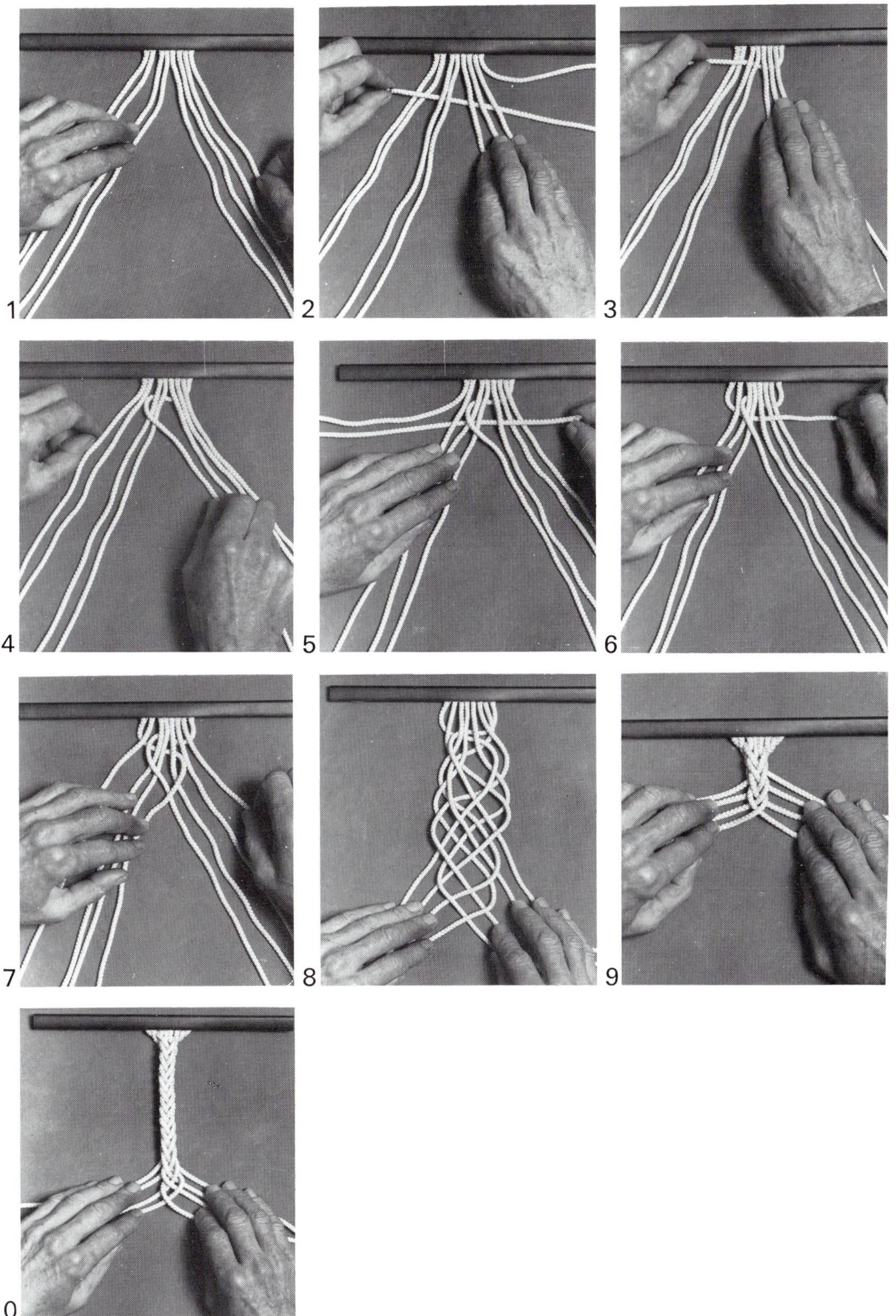

1
2
3
4
5
6
7
8
9
10

79

Englische, siebenkardeelige Platting

Es gibt keinen besonderen Grund, warum bei dieser Platting sieben Kardeele verwendet wurden. Sie kann mit einer beliebigen geraden oder ungeraden Kardeelzahl gebunden werden. Es sind jedoch mindestens vier Kardeele erforderlich. Bei nur drei Kardeelen entsteht eine Einfache Platting.

Die äußersten rechten Kardeele werden nacheinander nach der »Über-unter-Methode« durchgeholt, bis sie auf der anderen Seite auftauchen. Dann werden sie parallel ausgelegt und bilden jeweils das äußerste linke Kardeel. Abbildungen 1 und 2 zeigen das Ergebnis, nachdem ein bzw. zwei Kardeele auf diese Weise durchgesteckt wurden. In Abbildung 3 sind alle sieben Kardeele einmal durchgeholt worden. Abbildung 4 zeigt eine dichtgeholte Platting von geeigneter Länge.

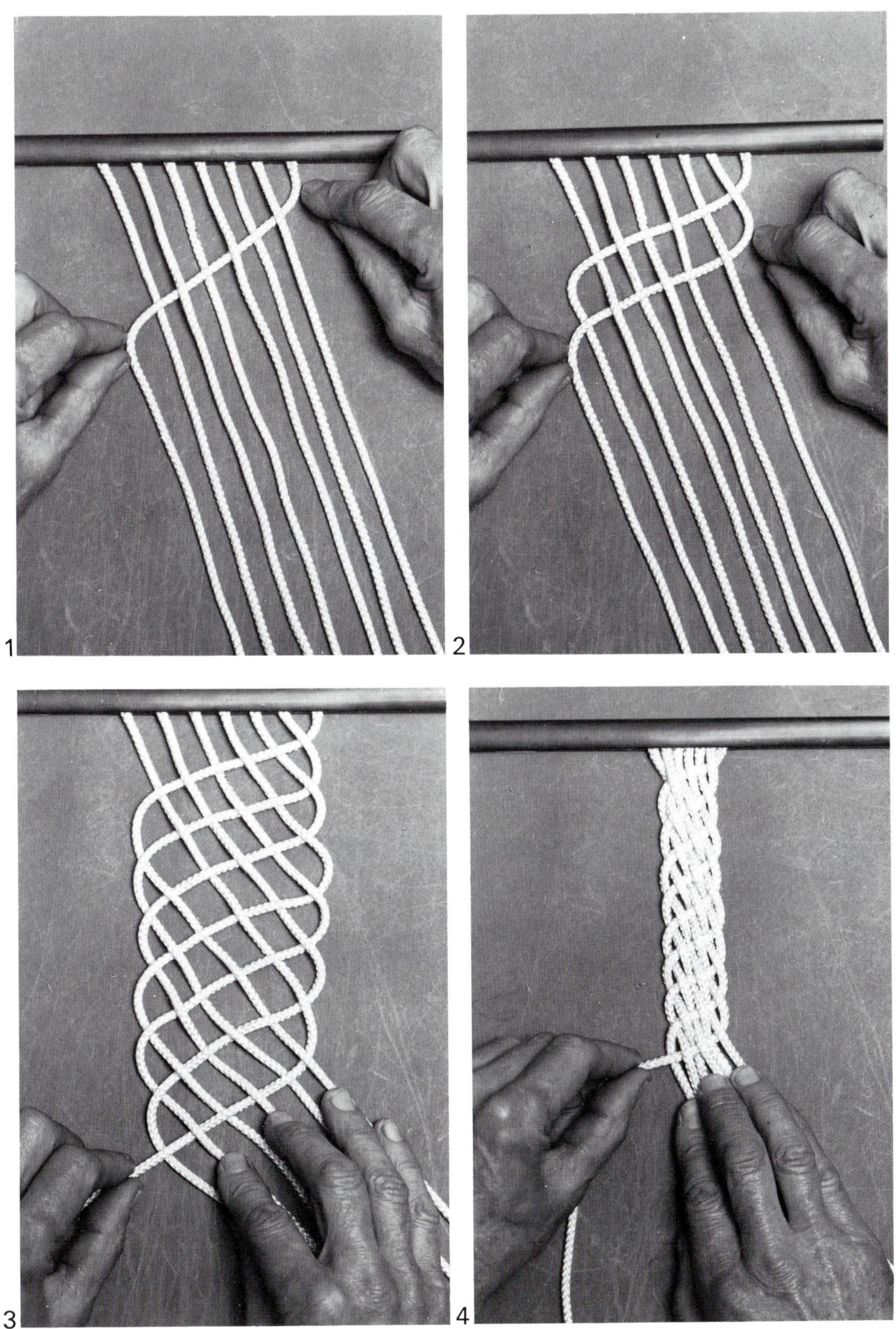

80

Französische, siebenkardeelige Platting

Wie bei der Englischen Platting (Nummer 79) werden die Kardeele auch bei der Französischen Platting »über-unter« durchgesteckt. Hierbei ist auch eine ungerade Kardeelzahl erforderlich (mindestens fünf Kardeele).

Die Kardeele kreuzen nicht die volle Länge der Platting, sondern treffen ausgehend von der rechten bzw. linken Seite in der Mitte zusammen und werden dann jeweils zu einem rechten bzw. linken Kardeel.

Drei Kardeele werden links und vier rechts ausgelegt. Die Abbildungen 1 und 2 zeigen, wie das erste Kardeel (das äußerste der rechten Gruppe) zur Mitte durchgeholt und bei der linken Gruppe abgelegt wird. Abbildungen 3 und 4 zeigen das gleiche Verfahren beim zweiten Kardeel (das äußerste der linken Gruppe). Dieses wird bei der rechten Gruppe abgelegt.

Dann folgen die Kardeele drei, vier und fünf (Abbildungen 5 mit 7). Dieser Vorgang wird wiederholt, bis die gewünschte Länge erreicht ist. Abbildung 8 zeigt die locker verknüpften Kardeele, Abbildung 9 die dichtgeholte Platting.

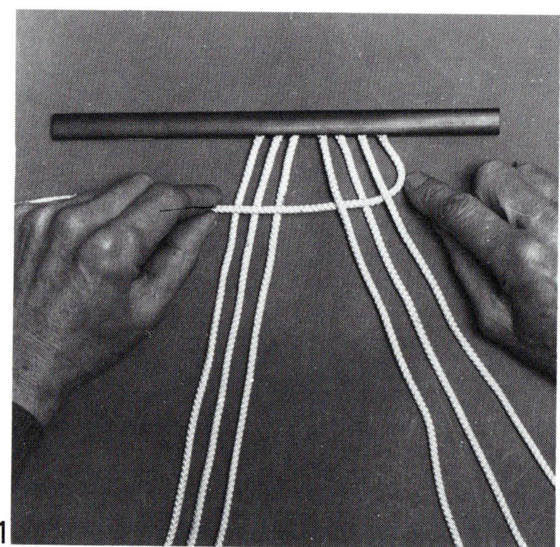

1

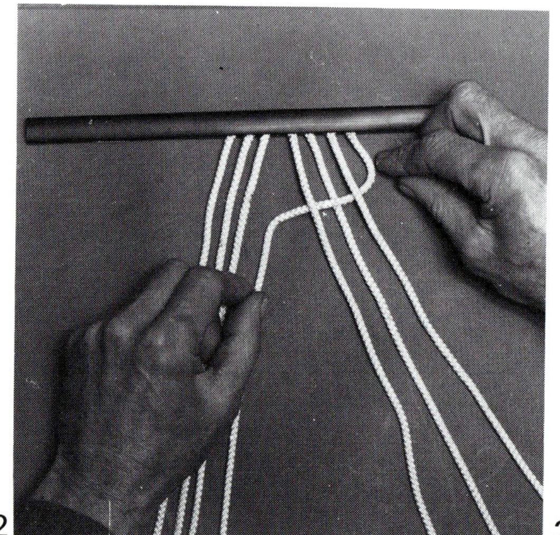

2

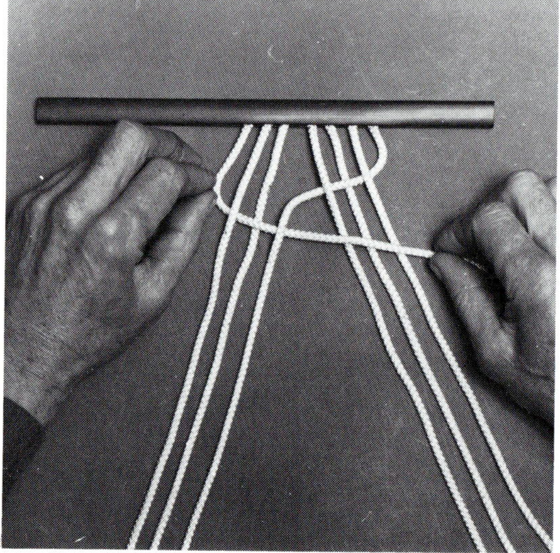

3

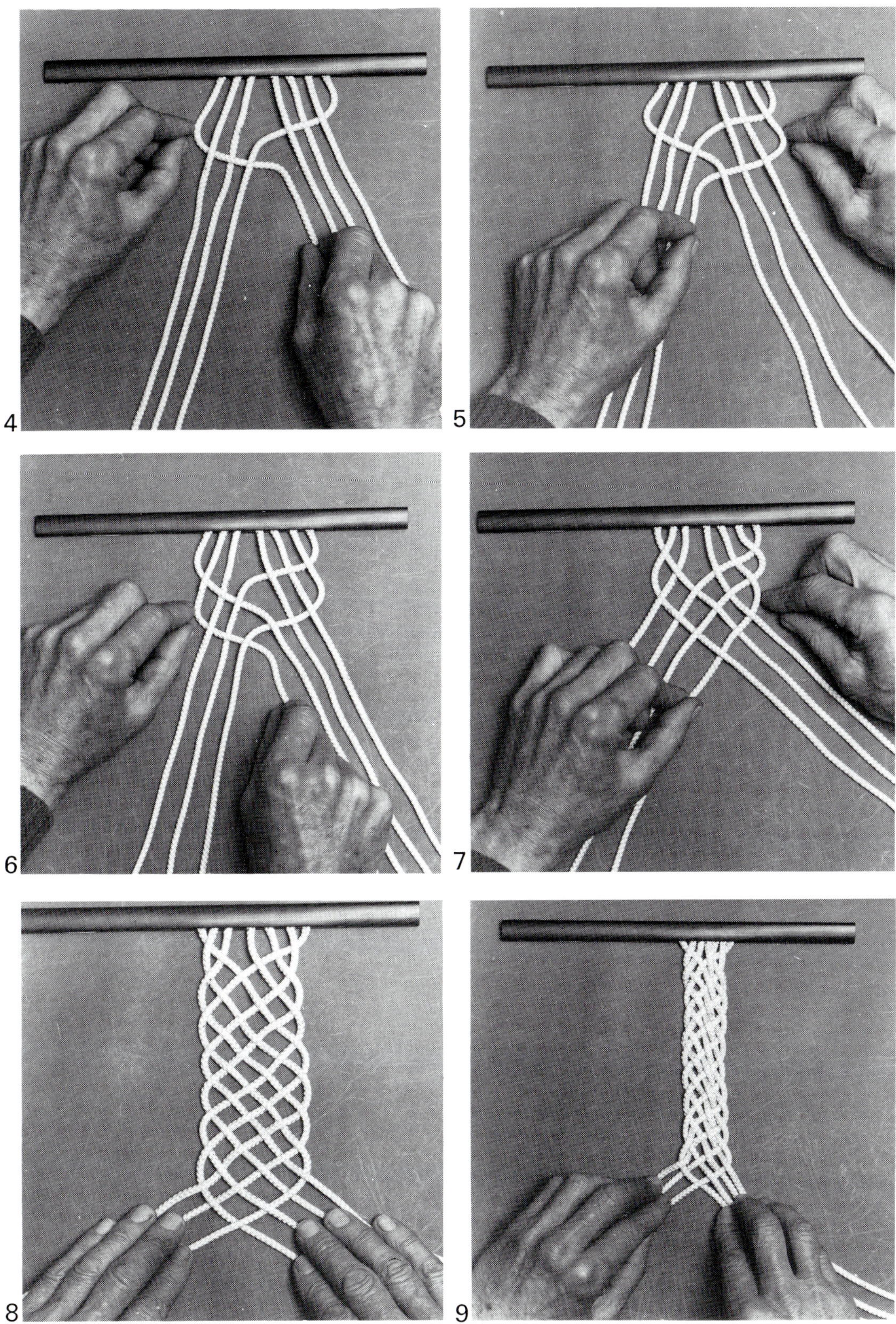
4
5
6
7
8
9

81

Portugiesische Platting in Spiralenform

Bei der Portugiesischen Platting gibt es nur zwei »bewegte« Kardeele, die auf Wunsch verdoppelt werden können. Sie liegen zu beiden Seiten der Seele, die meist aus zwei, möglichst nicht mehr als drei Kardeelen besteht.

Das linke Kardeel wird unter den Seelen durchgeführt und über das rechte Kardeel gelegt. Links wird eine Bucht zurückbehalten (Abbildung 1). Das rechte Kardeel wird über die Seelen und unter die Bucht geführt (Abbil-

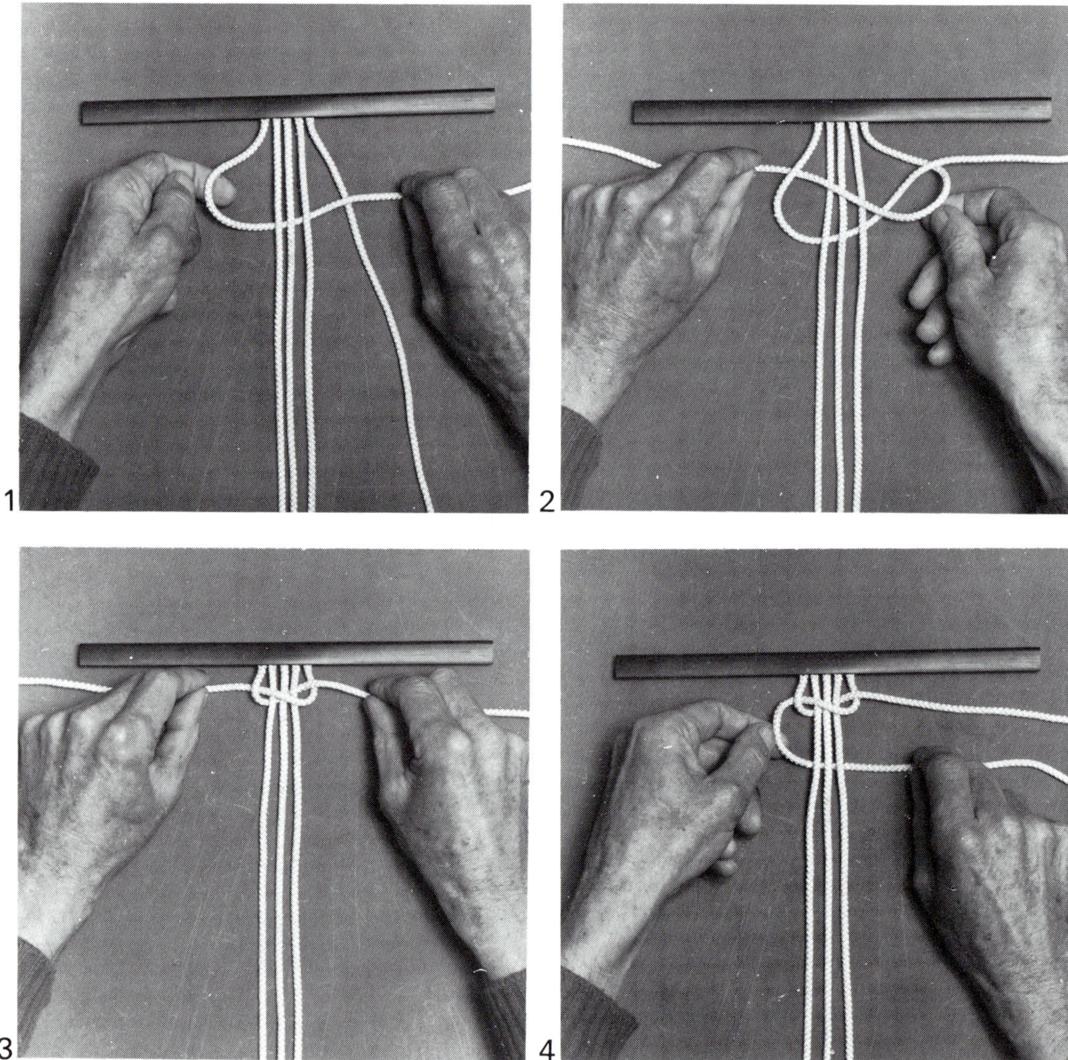

1 2 3 4

dung 2). Beide Enden werden dichtgeholt (Abbildung 3). Das linke Kardeel wird wieder unter die Seelen gesteckt (Abbildung 4). Dadurch entsteht der zweite Knoten (Abbildung 5 mit 7).

Dieser Vorgang wird wiederholt, wobei man immer mit dem linken Kardeel anfängt. Dadurch bildet sich die Spirale von selbst (Abbildung 8). Man kann die Spiralbildung gar nicht verhindern und die Platting nicht geradeziehen.

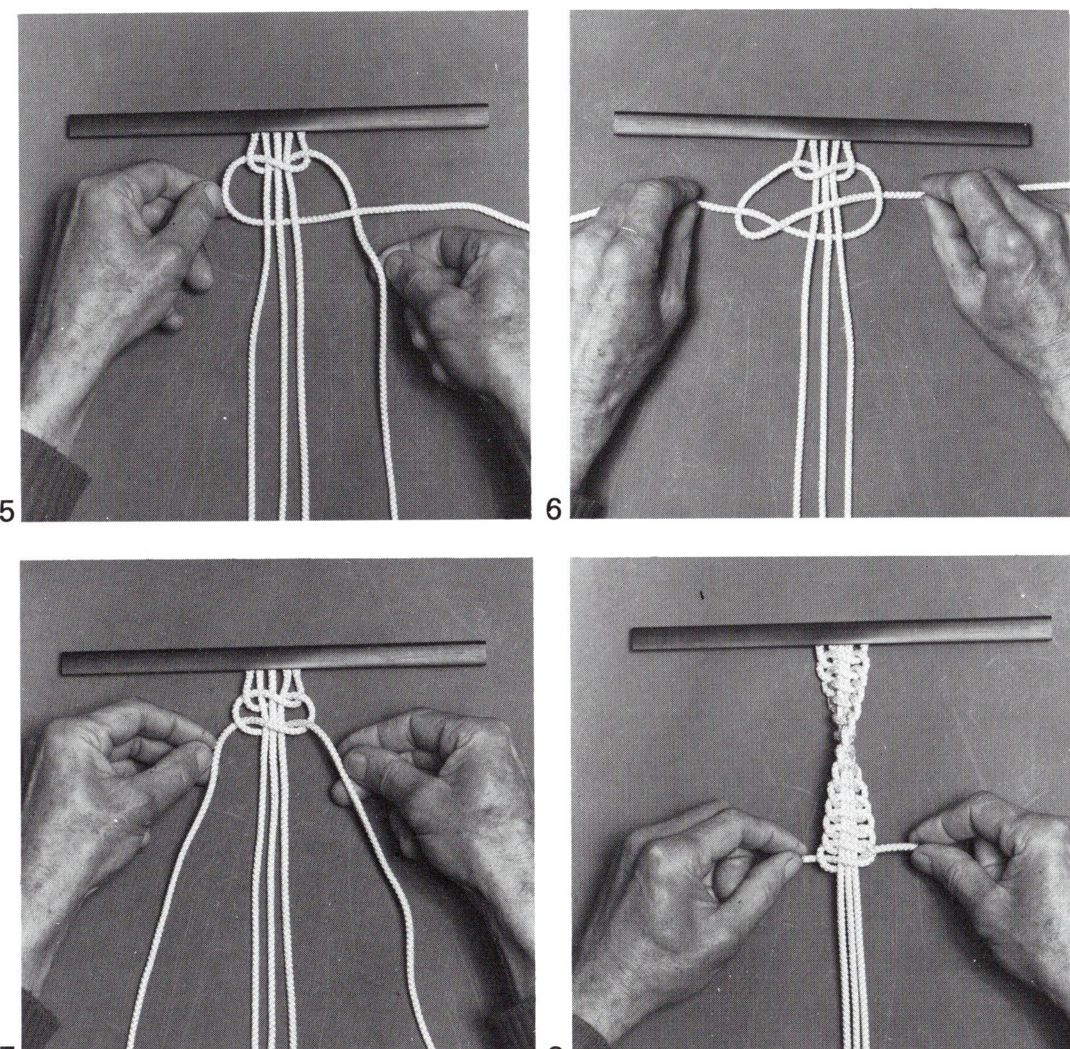
5 6 7 8

82

Portugiesische Platting in flacher Form

Das Auslegen der Kardeele und die Bildung des ersten Knotens (Abbildungen 1 mit 3) entsprechen dem Vorgang bei der spiralenförmigen Version. Dann aber ändert sich das Verfahren. Das rechte Kardeel wird unter den Seelen durchgesteckt und über die linke Part gelegt (Abbildung 4).

Die Abbildungen 5 und 6 zeigen die Fertigstellung des Knotens. Der dritte Knoten wird auf die gleiche Weise hergestellt wie der erste und so weiter. Linke und rechte Knoten wechseln sich ab, bis die Platting fertig ist (Abbildung 7).

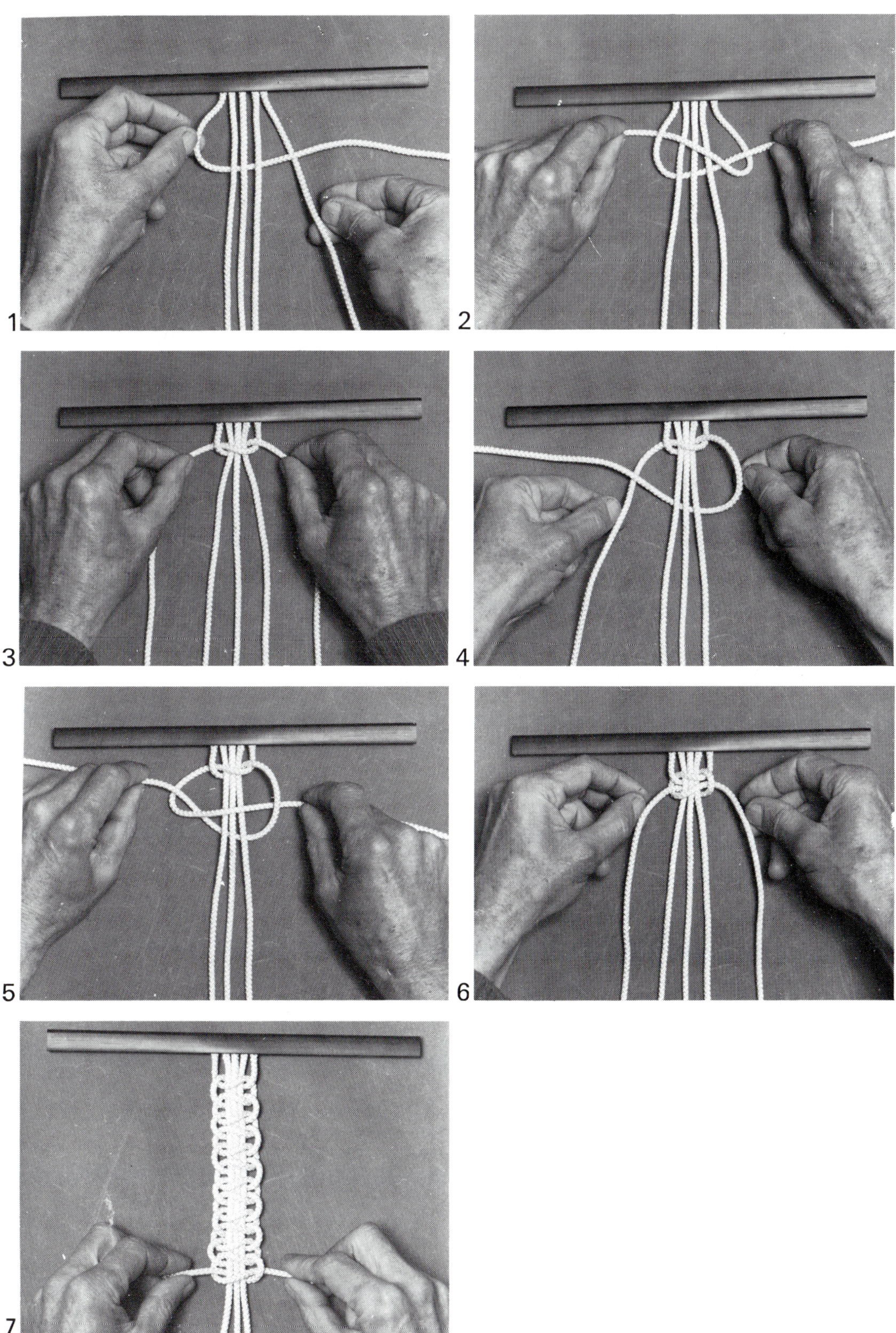
1
2
3
4
5
6
7

83

Spanische Platting

Es gibt zwei Arten von Spanischer Platting. Beide dienen als Überzug für einen zylinderförmigen Gegenstand. Aber im Gegensatz zu den laufenden Kronenknoten (siehe Nummer 61, Seite 116) braucht man bei dieser Methode ein Befestigungskardeel. Dieses wird um den Zylinder gewunden und verwebt die losen Kardeele bei jedem Törn.

Es werden so viele lose Enden um den Gegenstand herum (in den Abbildungen dargestellt durch ein dickes Tau) befestigt, daß sie entweder den gesamten Umfang füllen, oder daß zwischen den einzelnen Kardeelen Leerräume bleiben. Bei ersterer Variante sollte ein möglichst dünnes Befestigungskardeel verwendet werden, das kaum mehr sichtbar ist. Bei letzterer Methode wird ein dickes Kardeel zum wesentlichen Bestandteil des Musters.

Abbildung 1 zeigt die mit einem Takling befestigten losen Kardeele und das Befestigungskardeel. Die losen Kardeele müssen während des ganzen Vorgangs außerhalb der Befestigung bleiben. Führen Sie das erste lose Kardeel über die Befestigung und nach unten zurück (Abbildung 2). Holen Sie Kardeel und Befestigungskardeel dicht. Drehen Sie das Ganze und verfahren sie mit dem zweiten Kardeel gleichermaßen usw. Abbildung 3 zeigt den ersten vollständigen Törn, Abbildung 4 den zweiten. Die fertige Platting ist in Abbildung 5 dargestellt.

Verkehrte Spanische Platting

Ein vollkommen anderes Muster entsteht, wenn man die losen Kardeele innerhalb der Befestigung behält und jedesmal einen vollen Rücktörn durchführt.

Abbildung 6 zeigt das Befestigungskardeel und das erste lose Kardeel, Abbildung 7 die Drehung. Dieser Vorgang wird nacheinander mit jedem Kardeel wiederholt. Abbildung 8 zeigt den ersten vollständigen Umlauf, Abbildung 9 den zweiten. Die fertige Platting ist in Abbildung 10 dargestellt.

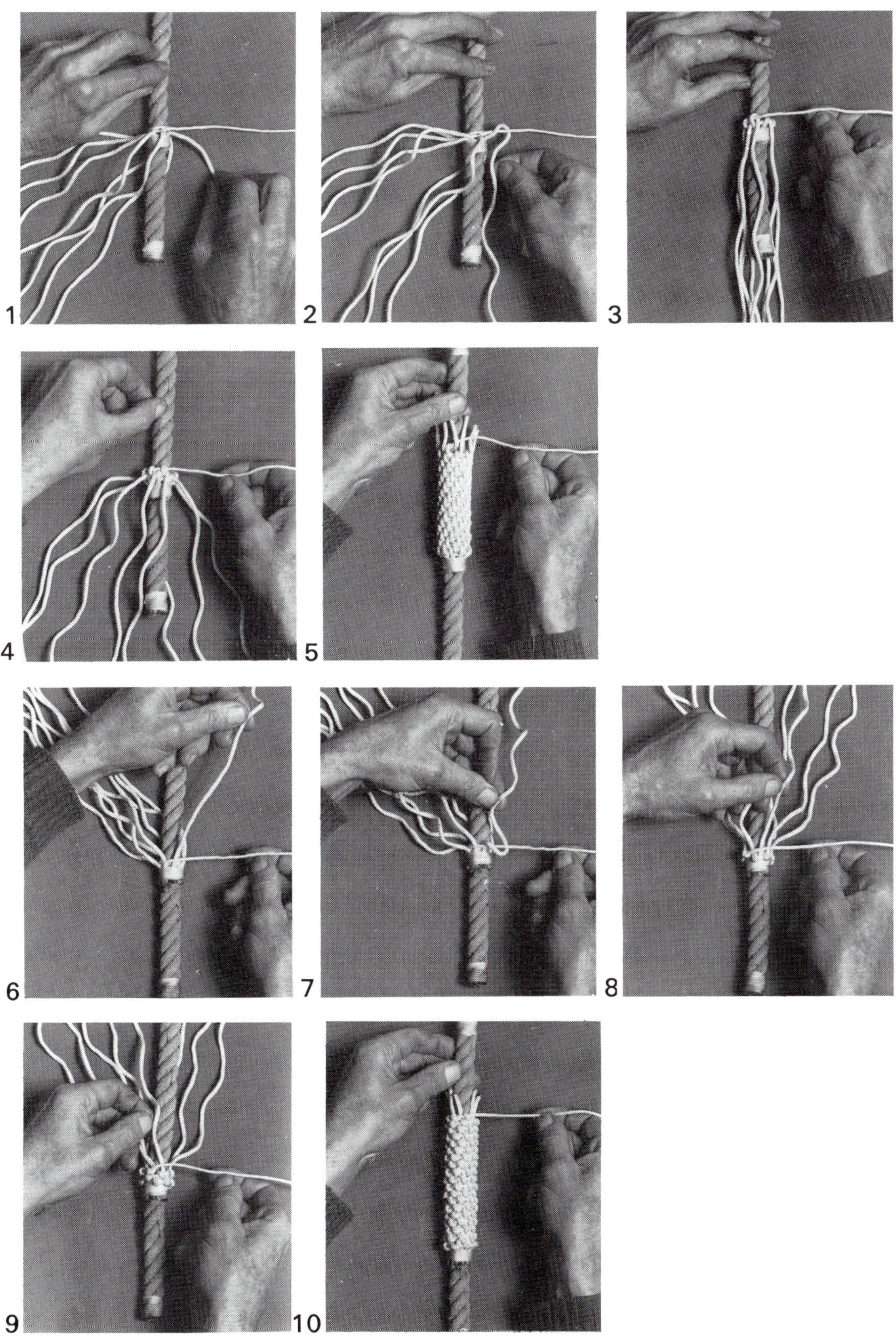

84

Russische Platting

Das erste und das letzte Kardeel bilden die seitliche Begrenzung. Die losen Kardeele werden um diese herumgeführt. Die Abbildung zeigt vier lose Kardeele; das ergibt zusammen mit den seitlichen Kardeelen eine sechskardeelige Version der Platting. Es kann jedoch eine beliebige Zahl verwendet werden.

Das erste lose Kardeel wird um die linke Begrenzung geführt, unter das zweite lose Kardeel gesteckt (Abbildung 1) und nach links abgelegt (Abbildung 2). Dann werden die einzelnen Kardeele nacheinander von links nach rechts unter ihrem Nachbarn durchgesteckt, ebenfalls nach links abgelegt (Abbildungen 3 mit 5) und dichtgeholt. Das letzte Kardeel liegt unter der rechten Begrenzung und kann nun zurückgeführt werden (Abbildung 6). Alle losen Kardeele werden wieder in eine vertikale Lage gebracht. Das letzte Kardeel wird um die Begrenzung geführt (Abbildung 7). Dann erfolgt die Rückführung von rechts nach links (Abbildungen 8 mit 10). Damit ist der erste »Über-zurück-Vorgang« beendet. Wenn die gewünschte Länge erreicht ist (Abbildung 11), wird die Platting abgeschlossen, indem man die begrenzenden Kardeele unten verbindet und die losen Kardeele an der Verbindung befestigt (nicht abgebildet).

Russische Matte

Nach diesem Verfahren kann man auch eine vier- oder rechteckige Matte herstellen. Da dabei aber eine Vielzahl von Kardeelen verwendet wird, kann die Herstellung einer solchen Matte fotografisch nicht dargestellt werden.

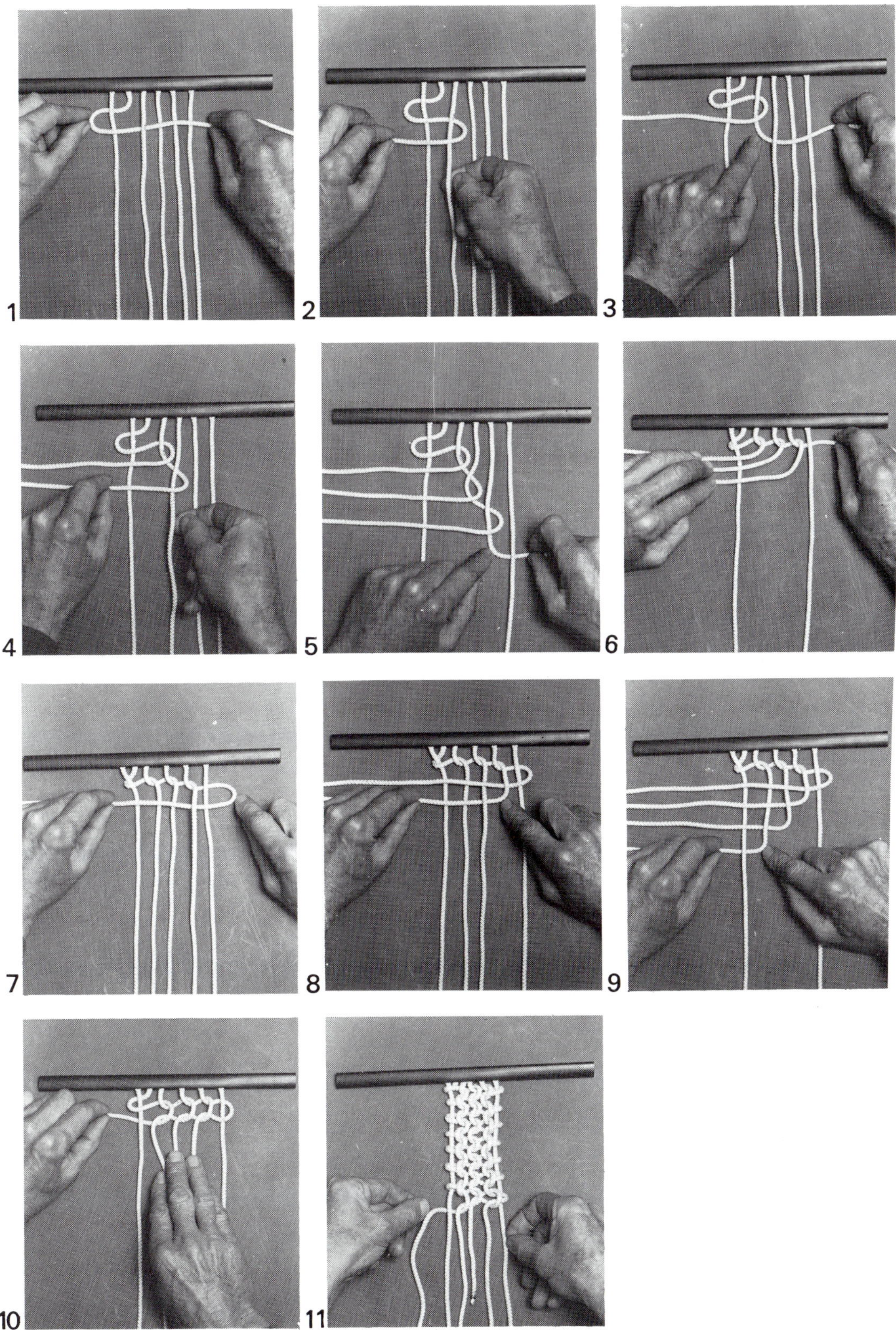
1
2
3
4
5
6
7
8
9
10
11

85

Einkardeeliger Bändselkammknoten

Diese Methode ist ideal, um einen Gegenstand zu überziehen, der sowohl rund als auch zylinderförmig ist, da die am unteren Teil der Buchten entstehenden Lücken der runden Ringform entgegenkommen.

Es geht im Grunde nur darum, abwechselnd einen Vorwärts- und einen Rückwärtsstek zu knüpfen. Die Abbildungen 1 und 2 zeigen die Bildung des ersten Steks. In Abbildung 3 ist er schon dichtgeholt. Der nächste Stek wird rückwärts gebunden (Abbildungen 4 und 5). Der Vorgang wird abwechselnd wiederholt (Abildungen 6 und 7), bis der ganze Ring überzogen ist (Abbildung 8).

Kuhstek

Dies ist ein nützlicher Knoten, wenn sich die Last auf beide stehende Parten verteilt. Meist ist er jedoch das Ergebnis eines falsch geknüpften Schifferknotens und verliert damit seinen Nutzen. Abbildung 3 zeigt einen typischen Kuhstek.

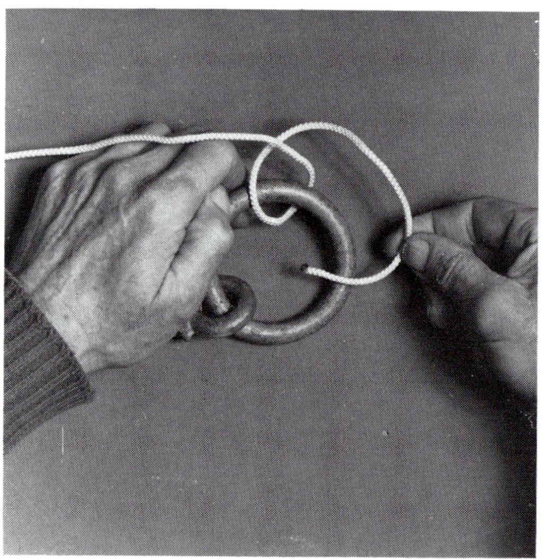
1

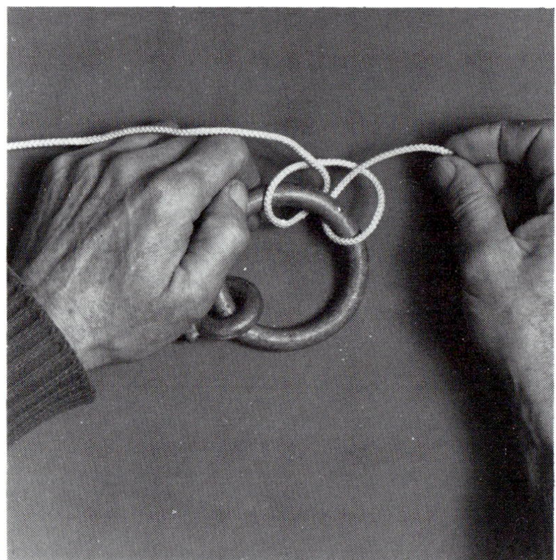
2

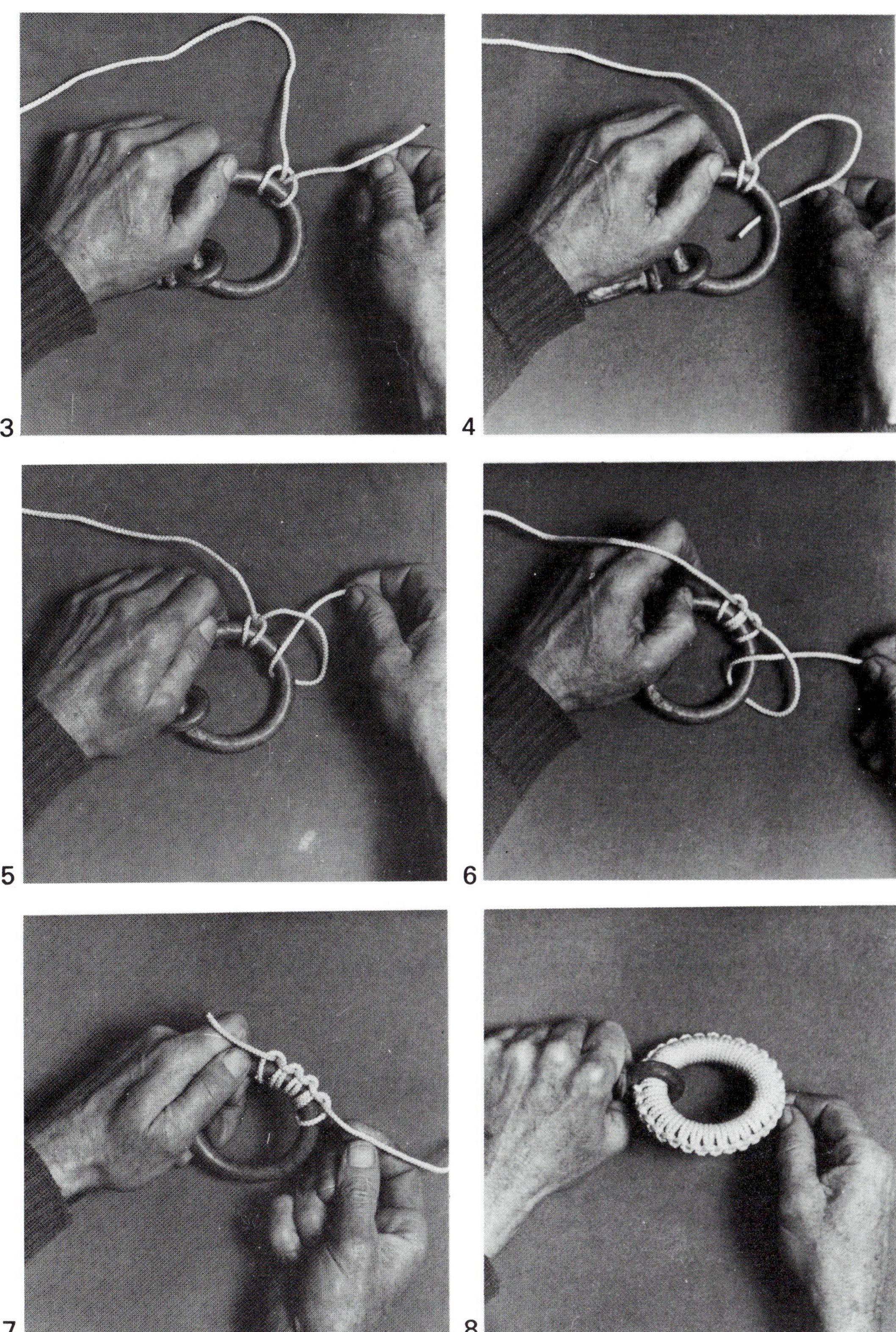
3 4 5 6 7 8

86

Dreikardeeliger Bändselkammknoten

Wie die Abbildung zeigt, werden bei dieser Methode, einen zylinderförmigen Gegenstand zu überziehen, normalerweise drei Kardeele verwendet. Typisch ist hierbei die Entstehung eines Kammes. Die drei losen Kardeele werden durch einen Takling an dem jeweiligen Gegenstand befestigt. Mit dem rechten Kardeel wird ein Stek geknüpft (Abbildung 1) und dichtgeholt (Abbildung 2).

Das Mittelkardeel wird dann genauso behandelt. Der Vorgang erfolgt jedoch in der entgegengesetzten Richtung, bevor das Kardeel dichtgeholt wird (Abbildungen 3 und 4). Dann wird das verbleibende rechte Kardeel in der gleichen Richtung wie das erste geknüpft (Abbildung 5). Der Vorgang wird wiederholt. Die losen Kardeele werden abwechselnd links und rechts gebunden, bis der Kamm fertig ist.

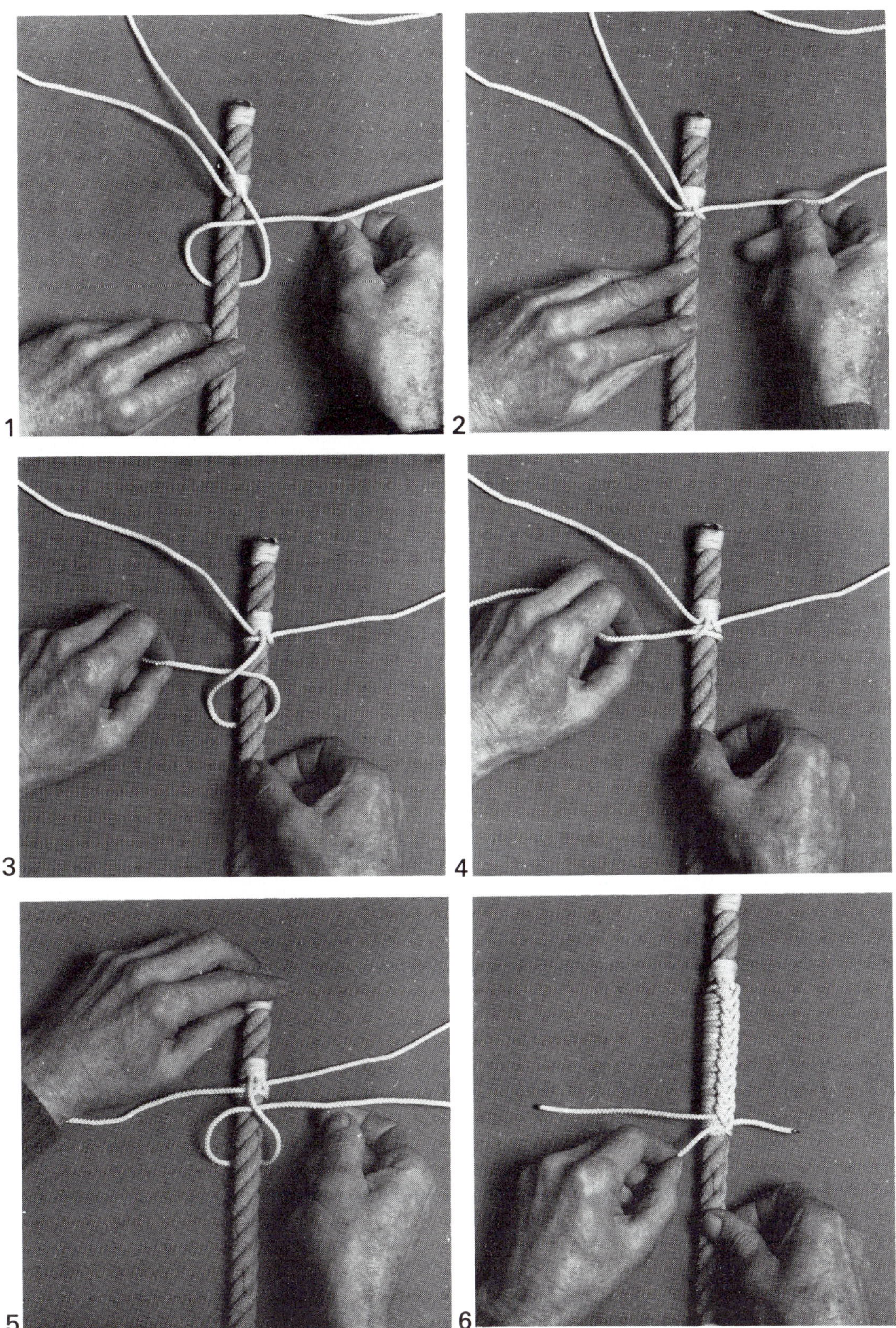

87

Trumm- oder Fransenplatting

Ein Trumm ist ein kurzes Stück Tau, und zwar meistens Kabelgarn von 10 bis 15 Zentimeter Länge. Wie die Abbildung zeigt, kann aber auch geflochtenes Tauwerk Verwendung finden.

Zwei solche Taustücke werden ausgelegt (Abbildung 1). Ein drittes folgt (Abbildung 2). Sein linkes Ende wird so herumgeführt, daß zwei Buchten in ihrer Lage fixiert werden. Dann wird die linke Part parallel zu den anderen drei rechten Kardeele abgelegt (Abbildung 3). Das oberste wird dann vertikal nach unten gelegt (Abbildung 4). Damit deuten ein Kardeelpaar und ein Einzelkardeel nach unten.

Ein viertes Taustück wird eingebracht und durch die Buchten der ersten zwei durchgesteckt (um ein Auflösen des Ganzen zu verhindern) (Abbildungen 5 und 6). Dann werden Sie parallel gelegt (Abbildung 7), und das oberste Kardeel wird in eine vertikale Position gebracht (Abbildung 8). Hierdurch entsteht das Grundgerüst der Platting mit zwei Paaren und einem einzelnen vertikalen Kardeel.

Das fünfte Trumm wird ausgelegt, wobei das linke Ende zwischen dem letzten Paar und dem Einzelkardeel auftaucht (Abbildung 9). Es wird dichtgeholt (Abbildung 10) und parallel ausgelegt (Abbildung 11). Das nächste oberste Kardeel wird nach unten gebracht (Abbildung 12). Alle weiteren Taustücke werden auf die in den Abbildungen 9 mit 12 dargestellte Weise hinzugefügt. Wenn die gewünschte Länge erreicht ist, werden die Enden verkürzt (Abbildung 13). Man beläßt sie in diesem Zustand oder löst sie zu Fransen (Abbildung 14).

Wenn man ein langes Stück einer solchen Platting zu einem Kreis oder einem Rechteck ausformt und zusammennäht, entsteht ein gewöhnlicher, borstiger Fußabstreifer. In etwas abgeänderter Form wurde diese Platting früher auch dazu verwendet, um das Schamfilen zu verhindern; sie wurde zum Beispiel an Topnants angebracht.

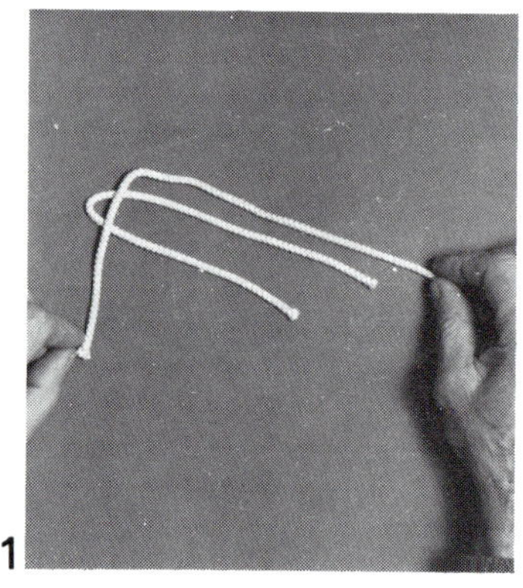

1

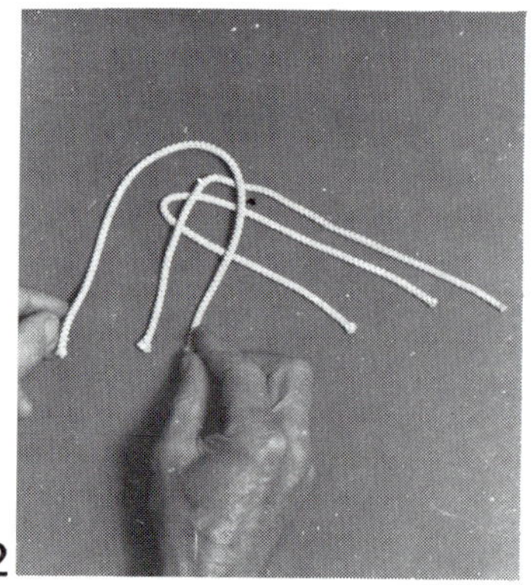

2

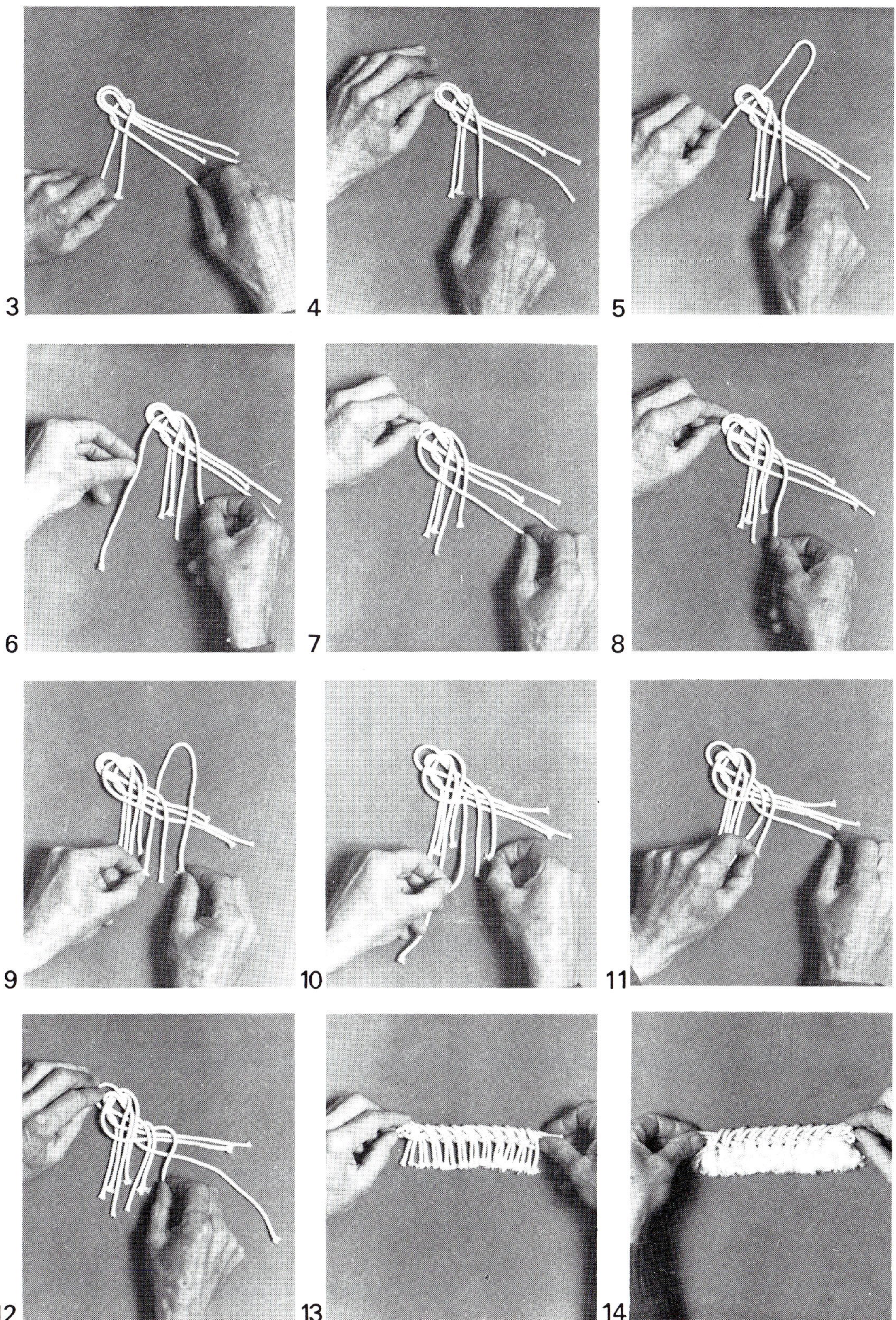
3 4 5
6 7 8
9 10 11
12 13 14

Matten

Wenngleich wir die folgenden Seilwerke als »Matten« bezeichnen, sind alle – von einer Ausnahme abgesehen – zu klein, um tatsächlich als Matten Verwendung zu finden. Die Ausnahme ist die viereckige Matte ohne Umlauf. Sie ist die einzige Matte, deren Länge und Breite durch zusätzliche Buchten gleichmäßig vergrößert werden können. Solch eine große, viereckige Matte ist allerdings nicht sehr schön.

Die Kunst des Mattenknüpfens besteht in der Verbindung mehrerer kleiner Matten, die mit verschiedenen Plattings verknüpft und mit Takelgarn zusammengenäht werden. Die hier abgebildeten Matten wurden aus Gründen der fotografischen Klarheit mit industriell hergestelltem Seilwerk geknüpft. Wenngleich dieses Material durchaus legitim ist, gewinnt das Aussehen der Matte an Schönheit, wenn die einzelnen Matten aus Plattings hergestellt werden. Die dreikardeelige Einfache Platting (siehe Nummer 75, Seite 142) eignet sich bestens für diesen Zweck. Nummer 88 zeigt eine Matte, die aus mehreren verschiedenen, Einzelmatten hergestellt wurde.

Es gibt verschiedene andere Matten, die schon fast Webwerk sind. Für die Herstellung der Schwertmatte beispielsweise braucht man eine Art Webstuhl, während die Vielzahl der Kardeele bei der Wirkmatte zwei Paar Hände erfordert.

88

Mehrteilige Matte

Mehr als jede andere Form von Seilwerk zu Schmuckzwecken bieten Matten die Möglichkeit, eine Vielfalt verschiedener Muster zu schaffen. Die Abbildung zeigt lediglich ein Beispiel. Das Mittelteil wird hier von einer Notmastknotenmatte gebildet, umgeben von einem doppelten Kettenstek.

Sieben einzelne Kreuzmatten umgeben das Mittelstück. Dann folgen drei Reihen einer dreikardeeligen Einfachen Platting. Die erste Reihe ist bogenförmig gezackt. Die übrigen bilden den Rand. Das Ganze wird mit Takelgarn oder einem ähnlichen Material zusammengenäht.

89

Ozeanmatte

Für diese Platting benötigt man ein ziemlich langes Tau. Das Seil, das von Zeit zu Zeit aus dem Bild verschwindet, ist tatsächlich die Bucht eines langen Taus.

Das Seil wird wie in Abbildung 1 ausgelegt. Danach wird die linke Part dieses Gebildes über das andere Ende gehoben und von oben unter die Bucht gesteckt (Abbildung 2). Die Part, die in Abbildung 2 in der linken Hand liegt, ist das Ende, das von nun ab an Ort und Stelle liegen bleibt und nicht weiter verwendet wird.

Das andere Ende wird nach der »Über-unter-Methode« weitergeführt (Abbildungen 3 und 4). Abbildung 5 zeigt den ersten vollen Umlauf. Das lose Ende trifft am Ausgangspunkt mit dem anderen Tampen zusammen und kommt neben diesem zum Liegen. Es zeigt in die Richtung für den nächsten Umlauf.

Abbildung 6 zeigt den Knoten nach dem zweiten Umlauf. Wieder ist das lose Ende am Ausgangspunkt, und der dritte Umlauf kann beginnen. Dann wird das Ganze dichtgeholt und in Form gebracht. Die Enden werden abgeschnitten und in die Matte gesteckt. Die Abbildung unten zeigt die fertige Matte.

Falls nötig, kann man mehr als drei Umläufe vornehmen. Dann aber wird die Matte sehr starr, und die Kardeele überlagern sich.

Die Ozeanmatte wird häufig als Mittelteil einer größeren Matte verwendet. Beispielsweise könnte sie in der Matte auf Seite 169 eingesetzt werden. Dazu faßt man sie häufig mit mehreren einfachen Plattingtörns ein. Das Ganze wird dann mit einer Reihe anderer, kleinerer Matten mit unterschiedlichem Design verbunden und mit Takelgarn zusammengenäht.

1  2  3

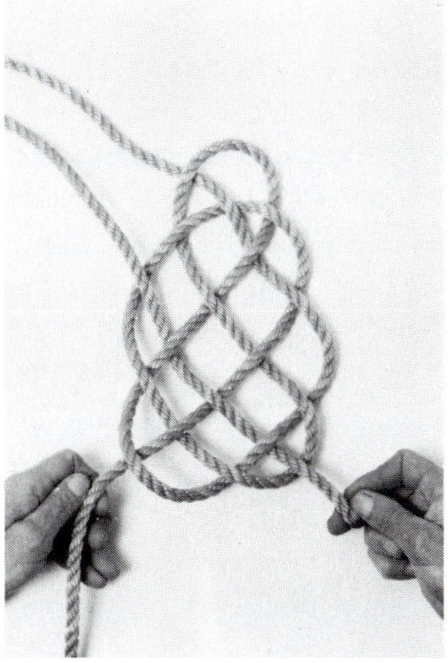

4  5  6

7

90

Viereckige Ozeanmatte

Diese Matte hat keine Umläufe und kann deshalb in jeder beliebigen Größe hergestellt werden.

Zwei gedrehte Buchten werden ausgelegt (Abbildung 1). Die längste und oberste Bucht bestimmt die diagonale Größe der Matte. Die zweite Bucht wird unter die stehende Part der ersten gesteckt. Nur der obere Teil dieser zweiten Bucht wird nach der »Über-unter-Methode« durchgesteckt und mit der ersten Bucht verschlungen (Abbildung 2). Die Längsform wird dabei beibehalten. Wieder bleiben zwei stehende Parten zurück. Der nächste Vorgang gilt für alle weiteren Knüpfbewegungen bis zum Einscheren der Buchten.

Die linke stehende Part wird unter die rechte stehende Part geführt, im Gegenuhrzeigersinn gedreht (Abbildung 3) und dann durch die Matte gesteckt (Abbildungen 4 und 5). Das Ober- und Unterteil wird gestreckt (Abbildung 6). Dieser Vorgang wird mehrfach wiederholt, wobei die Strecken zunehmend kürzer werden, da die Matte sich allmählich ausgehend von den entgegengesetzten Ecken füllt (Abbildungen 7, 8 und 9).

Schließlich wird ein Ende unter die verbleibende stehende Part geführt (Abbildung 10) und zur oberen Ecke durchgesteckt. Dies schließt die letzte Diagonale ab, und damit ist die Matte fertig (Abbildung 11).

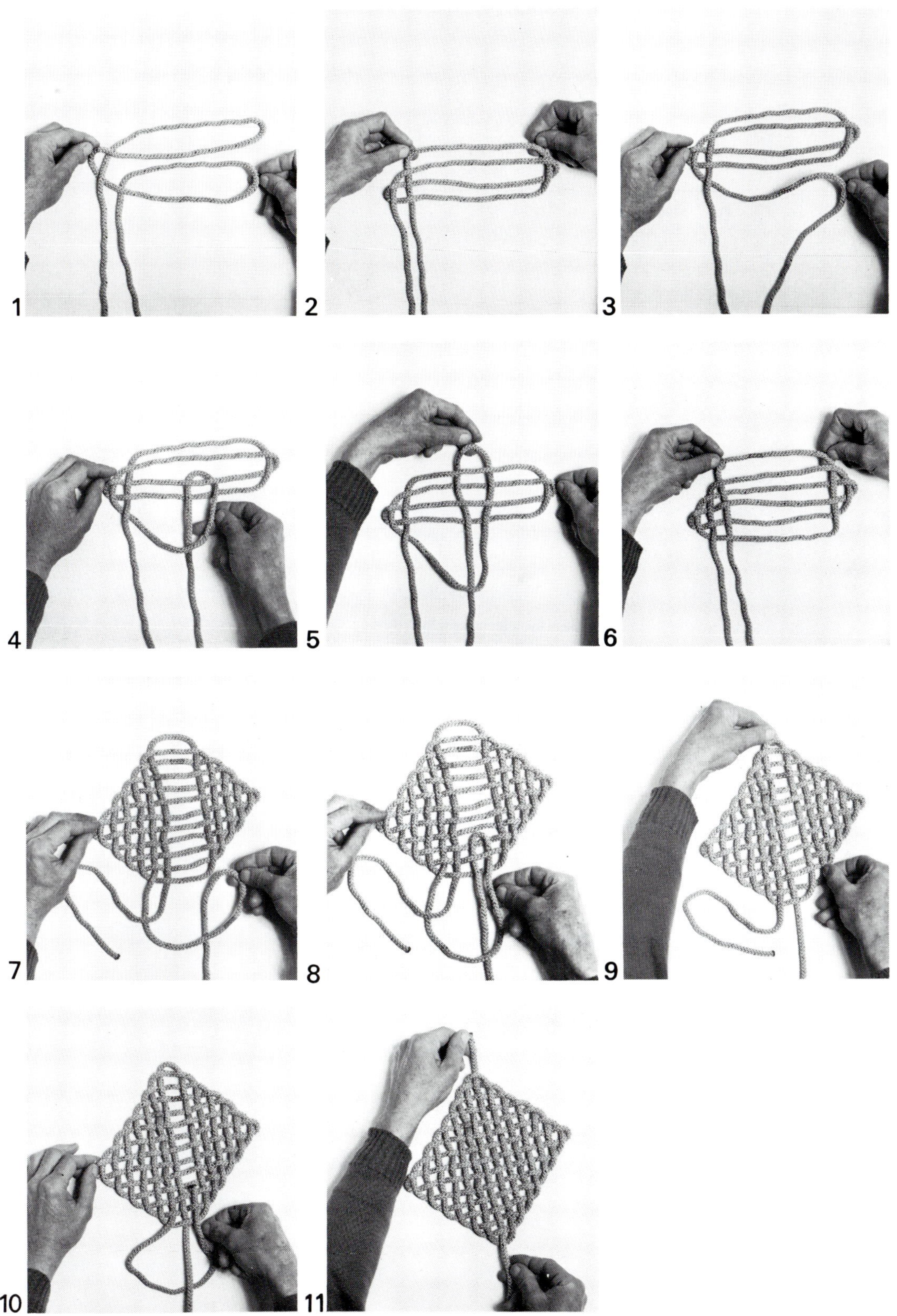
1
2
3
4
5
6
7
8
9
10
11

91

Kreuzmatte

Zwei Buchten werden ausgelegt (Abbildung 1). Die linke Part bleibt von nun an fest. Das rechte Ende wird über diese Part herum zur oberen, linken Ecke geführt (Abbildung 2) und durchgesteckt (Abbildung 3).

In Abbildung 4 ist dargestellt, wie das Ende zum Anfang der Matte zurückgeführt wird. Danach erfolgt der erste Umlauf (Abbildung 5). Abbildung 6 zeigt die fertige Matte nach dem zweiten Umlauf.

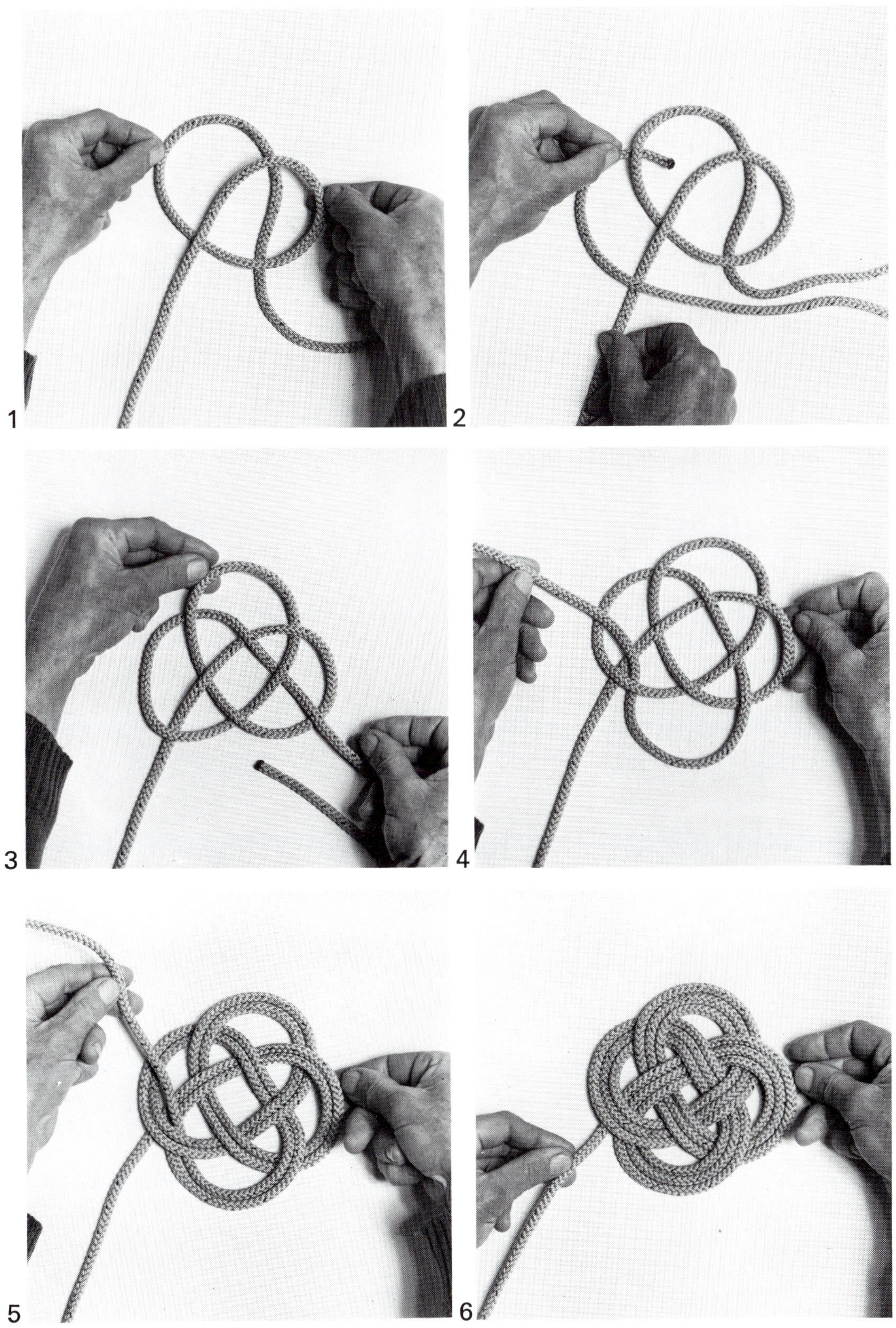
1
2
3
4
5
6

92

Notmastknotenmatte

Die Grundlage dieser Matte ist der Notmastknoten (siehe Nummer 31, Seite 58). Die Buchten werden, wie in den Abbildungen 1 und 2 dargestellt, ausgelegt. Dann werden die Mittelbuchten herausgezogen und nach der »Über-unter-Methode« zu den jeweiligen Enden geführt (Abbildungen 3 mit 6).

Die neuen Mittelbuchten (Abbildung 6) werden gekreuzt, wobei die rechte Bucht über der linken liegt. Das lose Ende wird von rechts nach links durch das Zentrum der Matte gesteckt (Abbildung 7) und zum Anfang zurückgeführt (Abbildung 8). Nun folgen nur noch zwei Umläufe (Abbildungen 9 mit 12), und dann ist die Matte fertig.

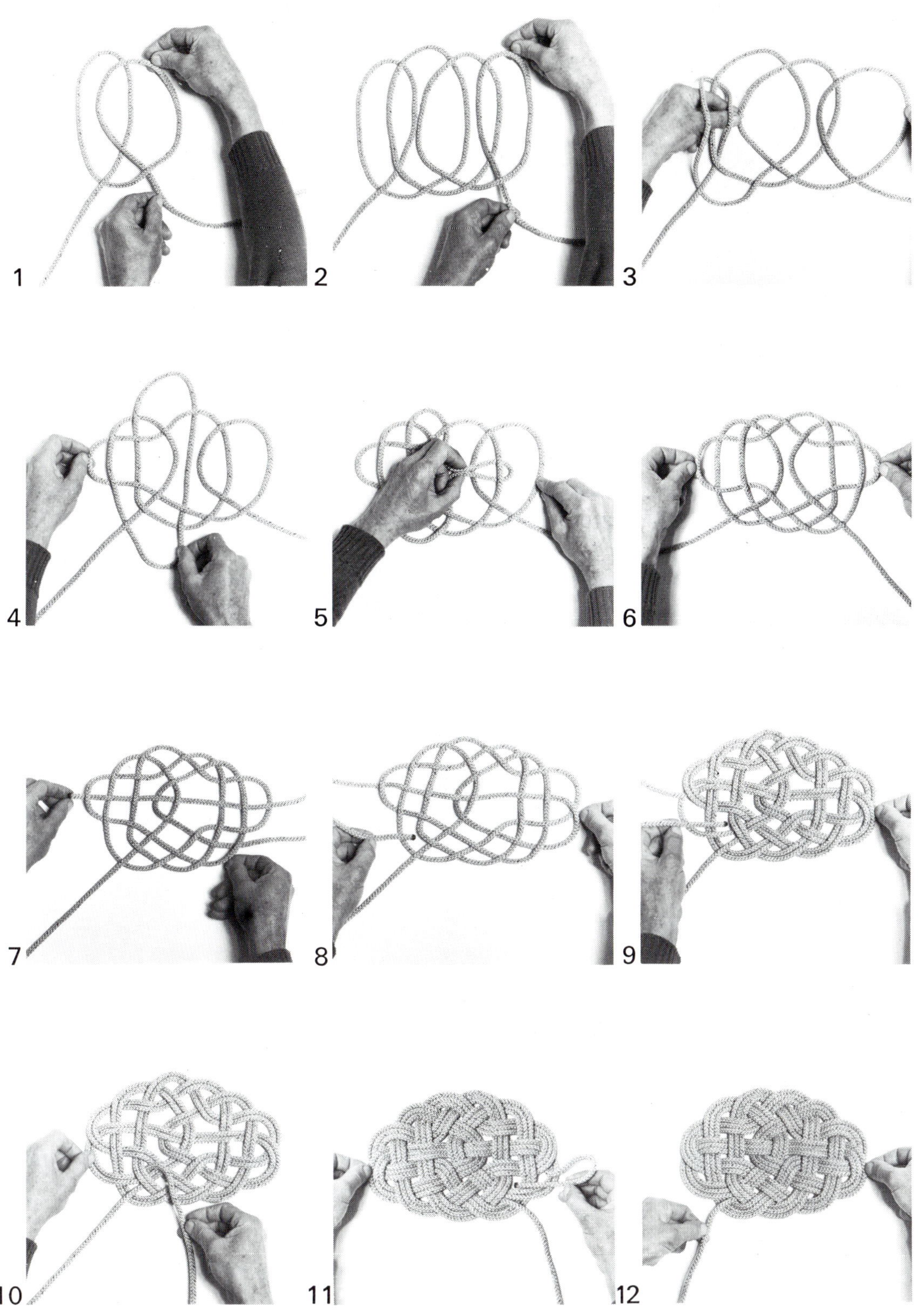
1
2
3
4
5
6
7
8
9
10
11
12

Glockenseile

93

Kleines Glockenseil aus einem Kardeel

Dieses Seil eignet sich bestens für eine kleine Glocke. Die Illustration stellt dar, was man mit einem einzelnen Kardeel machen kann. Ein Kardeel endet an der Achtstrangplatting, während das andere bis in die Quaste reicht.

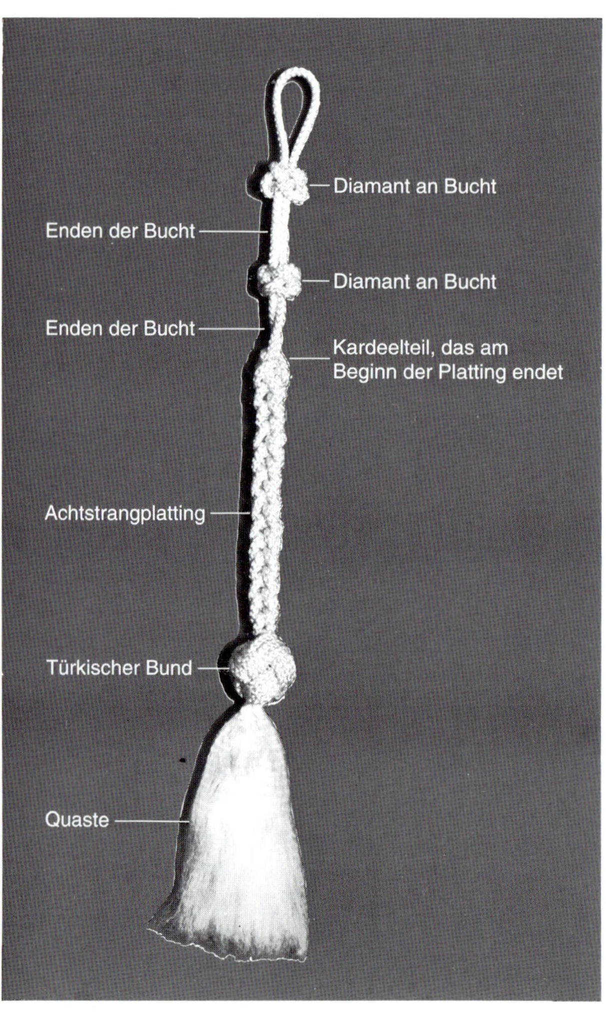

94

Großes Glockenseil aus sechs Kardeelen

Dieses Beispiel eines typischen Glockenseils ist aus drei Längen einer gewöhnlichen Achtstrangplatting mit einem Durchmesser von 3 Millimeter hergestellt.
Zwei Kardeele sind 3,3 Meter und ein Kardeel ist 3 Meter lang. Alle sind verdoppelt, so daß sich ingesamt sechs Kardeele ergeben. Dadurch entsteht ein 30,5 Zentimeter langes Glockenseil mit einer etwa 10 Zentimeter langen Quaste.

Das Seil wird ohne Seele hergestellt. Nach Fertigstellung wird ein hölzerner Fleischspieß durch das Seil gesteckt, um den Schlag zu festigen und Griffigkeit zu geben.

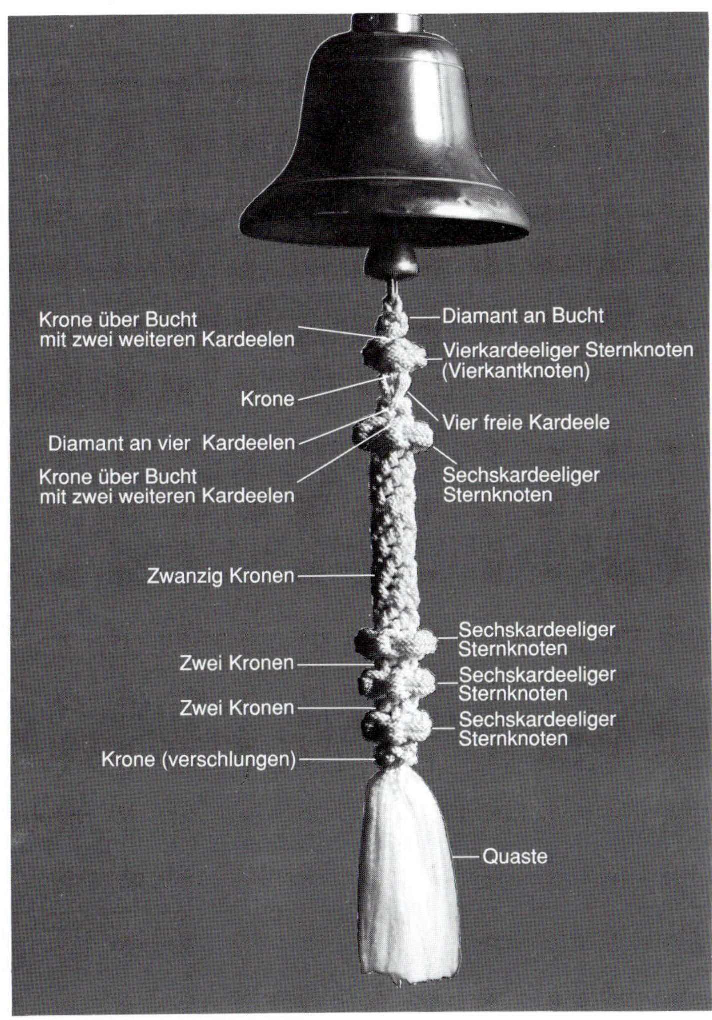

Glossar

Affenfaust Eine Seilkugel, die am Ende einer Hievleine gebildet wird, um ihre Tragkraft zu verstärken. Siehe Nummer 36.

Auftaljen Der Vorgang des Dichtholens mit Hilfe einer Talje ohne oder mit Block.

Bändsel Ein Bändsel ist eine Lasching, mit der zwei Taue oder zwei Teile des gleichen Seils (oder Drahtes) meist nebeneinander verbunden werden. Größe und Art des verwendeten Tauwerks hängen von der Größe der Seile und ihrer Belastung ab. Es gibt flache und runde Bändsel, Hartbändsel und Reihbändsel.

Bekleeden Der Begriff Bekleeden fällt meist im Zusammenhang mit Trensen und Schmarten. Man kann bekleeden, ohne zu trensen und schmarten, jedoch nicht umgekehrt. Trensen und Schmarten sind nutzlos, wenn der Vorgang nicht durch das Bekleeden vollendet wird. Man trenst, indem man Marlleine oder ähnliches dünnes Seilwerk in die Rillen zwischen die Kardeele füllt, um dadurch eine Zylinderform zu schaffen. Das Trensen muß mit dem Schlag erfolgen. Dann folgt das Schmarten (ebenfalls mit dem Schlag), bei dem man eine Trosse mit einem 5 bis 7 Zentimeter breiten Streifen aus Segeltuch oder einem ähnlichen Material umwickelt. Dieser Stoffstreifen wurde vorher mit Teer oder einer anderen wassserabweisenden Substanz imprägniert. Das Ganze wird schließlich bekleedet, indem man es fortlaufend fest mit Marlleine umwickelt. Die Marlleine wird mit einem sog. Bekleedehammer angebracht. Dies ist ein Werkzeug, das einen gleichmäßigen Schlag der Marlleine ohne Spalten zwischen den Törns sicherstellt. Auf Grund der Hebelwirkung dieses Gerätes wird auch die gewünschte Enge der Törns erreicht. Man bekleedet gegen den Schlag. Zusammenfassend sei also gesagt, daß das Trensen und Schmarten mit dem Schlag erfolgt, während das Bekleeden gegen den Schlag vorgenommen wird (siehe Abbildung bei Nummer 54).

Bucht Die Biegung eines Seiles, wenn seine Richtung von einer geraden Linie zu einer gerundeten Form geändert wird. Das Maximum ist ein Kreis. Von jedem Punkt innerhalb dieser Biegung heißt es, daß er »in der Bucht« liegt.

Bulldog-Griff Ein Metallteil, mit dessen Hilfe zwei Drähte nebeneinander zusammengeklammert werden. Bei Tauwerk findet es keine Verwendung. Es besteht aus einer Form, in die ein U-förmiger Bolzen paßt. Beide Teile des Drahtes werden zwischen dem U-förmigen Bolzen und dem Formstück festgeklemmt.

Fasern Die fadenähnlichen Teile von natürlichen oder synthetischen Stoffen, aus denen Garn hergestellt wird. Die wichtigsten Naturfasern für Seile sind: Kokosfaser, Sisal, Baumwolle und Hanf. Nylon, Polyester und Polypropylen.

Glossar

Führungen beim Türkischen Bund Die Anzahl der Kardeele, die man sieht, wenn man den Knoten durchschneidet, bevor ein »Umlauf« erfolgt ist. Die Anzahl der Führungen bestimmt die Länge des Knotens.

Garne Aus einer Anzahl von Fasern zusammengeschlagene Fäden.

Geflochtenes Seilwerk Im Gegensatz zu geschlagenem Seilwerk sind die Kardeele hier mit oder ohne Seele miteinander verflochten. Man spricht auch dann von geflochtenem Seilwerk, wenn ein geflochtenes Innenteil von einer Flechthülle umgeben ist.

Geschlagenes Tauwerk Geschlagenes Tauwerk besteht aus vier Kardeelen, die rechts um eine Seele geschlagen wurden.

Hievleine Eine leichte Wurfleine, die verwendet wird, um schwere Taue an Land zu ziehen.

Kabelgeschlagen Ein kabelgeschlagenes Seil besteht aus drei trossengeschlagenen Tauen mit je drei linksgeschlagenen Kardeelen.

Kabeltau Ein schweres Ankertau.

Kardeele Geschlagene Garne. Die notwendige Kardeelzahl wird zusammengeschlagen und bildet dann das fertige Tau.

Marlleine (Schiemannsgarn) Dies ist imprägniertes Tauwerk, das in verschiedenen Größen und Qualitäten erhältlich ist. Man bindet es oft um einen Spleiß (Bekleeden), um diesen gegen Witterungseinflüsse zu schützen. Eine qualitativ hochwertige Marlleine von richtiger Länge kann als Bändsel oder bei einem großen Seil auch als Takling benutzt werden.

Scheibe (Rolle) Die gefurchten Räder oder das Einzelrad, das Bestandteil eines Blockes ist.

Schlag Auf Seilwerk angewendet hat dieser Begriff zwei Bedeutungen. Er kann die Richtung bezeichnen, in die die Kardeele während der Herstellung des Seils gedreht wurden, z.B. linker oder rechter Schlag. Er kann sich aber auch auf das »Wesen« des Seils beziehen und beschreibt dann, wie locker oder wie fest die Garne während der Herstellung gedreht worden sind. Man spricht dann von einem weichen, mittleren oder harten Schlag. Bei Seilwerk zu Schmuckzwecken bezieht sich dieser Begriff auf die Muster, die aus der Lage der Kardeele entstehen.

Schmarten Siehe Bekleeden.

Seele Das Kardeel (bei Draht imprägniert), das durch die Mitte eines geschlagenen Taus oder eines Drahtes läuft und um das die losen Kardeele gelegt werden. Der Mittelstrang eines geflochtenen Seils kann als Seele bezeichnet werden. Manche Drähte haben eine Drahtseele. (Dieser Begriff darf nicht verwechselt werden mit dem Innenteil eines multiplen Kardeels.)

Glossar

Stecken
Gegen den Schlag: Wenn man den Tampen eines Kardeels über ein Kardeel der stehenden Part und unter das nächste führt, und zwar entgegengesetzt zum Schlag des Seils.
Mit dem Schlag: Wenn man den Tampen eines Kardeels um ein beliebiges Kardeel der stehenden Part führt, und zwar in der Richtung des Schlags.

Stehende Part Der verbleibende Teil eines Seiles, jedoch nicht die Tampen, eine Bucht oder ein Seilabschnitt, der zum Binden des Knotens verwendet wird. Meistens ist es die Part, die unter Zug steht. Bei einer Refftalje sind die stehenden Parten die Teile des Seiles, die zwischen den Blöcken liegen. Den Rest nennt man holende Part.

Stelling Eine Holzplanke als Arbeitsplattform mit oder ohne Hörner (siehe Nummer 33).

Stopperknoten, abstoppern Siehe Nummer 22.

Strickleiter Siehe Nummer 32.

Tack Die untere, vordere Ecke eines Schratsegels.

Takel oder Talje Eine Kombination von Seilwerk mit oder ohne Blöcke, das einen mechanischen Vorteil bietet (Flaschenzug).

Takling Eine Reihe von Törns mit Takelgarn oder einer ähnlichen Schnur, die als Lasching am Ende eines Taus oder eines einzelnen Kardeels angebracht werden, um ein Aufdröseln zu verhindern.

Tampen Das äußerste Ende eines Taues oder Kardeels.

Törns beim Türkischen Bund Die Anzahl der erfolgten »Kreuzungen«, bevor das lose Ende zum ersten Mal parallel zur stehenden Part liegt. Das Verhältnis zwischen dem Durchmesser des Zylinders und dem des verwendeten Seils bestimmt die Anzahl der erforderlichen Törns.

Topnant Teil des laufenden Tauwerks, das vom Masten zur Nock einer Rah verläuft und die Last der letzteren vom Segel nimmt. Meist bei älteren Schiffen. Paarweise installiert, meist auf jeder Seite des Segels.

Trensen Siehe Bekleeden.

Trossengeschlagen Ein Tau ist trossengeschlagen, wenn es aus drei Kardeelen besteht, die rechtsherum geschlagen wurden, das heißt, die Kardeele wurden von links nach rechts geschlagen.

Wanten Die stehende Takelage von einem Masten zu den Seiten eines Schiffes im Gegensatz zur Längstakelage.

Kompaktwissen für den sicheren Törn

Roland Denk
Neue Segelschule
vom Anfänger zum Sportbootführerschein Binnen und R-Schein. Mit Beiheft Prüfungsfragen Boot, Seemännische Arbeiten, Segeltheorie, Segelpraxis, Wetterkunde, Regattasegeln, Gesetze, Verbandsrecht, Yachtgebräuche, Motorenkunde, Motormanöver, Seeverkehrsrecht für den R-Schein.

Roland Denk
Richtig Segeln
Boot und Ausrüstung, Sicherheit, Trimm, Manöver und Techniken, Rettungsmanöver, Regattasport, Fahrtensegeln, Kindersegeln, Führerscheine, Rechtskunde, Segelwörterbuch.

Roland Denk
Richtig Fahrtensegeln
Kompaktwissen für den sicheren Seetörn: Grundkenntnisse zu Fahrtenyacht und Fahrtensegeln, Seemannschaft, Sicherheit, Navigation und Wetter; Checkliste.

Roland Denk
Sportbootführerschein See und BR-Schein
Mit Beiheft Prüfungsfragen
Der gesamte Prüfungsstoff für den Sportbootführerschein See und den BR-Schein: Navigation, Seemannschaft, Wetterkunde, Rechtskunde.

Irving Tom Burgess
Die praktische Knotenfibel
knoten, schlingen, spleißen
Anleitung für Segler, aber auch für Angler, Jäger, Bergsteiger und Bastler – bewährt in hundertjähriger Praxis: Knoten, Steken, Zöpfe und Matten flechten, weben, Kunstfasertauwerk spleißen.

In unserem Verlagsprogramm finden Sie Bücher zu folgenden Sachgebieten:

Garten und Zimmerpflanzen • Natur • Heimtiere • Angeln • Jagd • Reise • Sport und Fitness • Wandern, Bergsteigen, Alpinismus • Pferde und Reiten • Auto und Motorrad • Gesundheit, Wohlbefinden, Medizin • Essen und Trinken

Wünschen Sie Informationen, so schreiben Sie bitte an:

BLV Verlagsgesellschaft mbH • Postfach 40 03 20 • 80703 München
Telefon 089/12705-0 • Telefax 089/12705-543